阅读成就思想……

Read to Achieve

管理故事会

幸福领导力

藏在故事中的管理智慧

刘建平 尹慕言 ◎著

HAPPINESS LEADERSHIP

中国人民大学出版社
· 北京 ·

图书在版编目（CIP）数据

幸福领导力：藏在故事中的管理智慧 / 刘建平，尹慕言著. -- 北京：中国人民大学出版社，2023.9
ISBN 978-7-300-32107-3

Ⅰ. ①幸… Ⅱ. ①刘… ②尹… Ⅲ. ①领导学 Ⅳ. ①C933

中国国家版本馆CIP数据核字(2023)第162771号

幸福领导力：藏在故事中的管理智慧
刘建平　尹慕言　著
XINGFU LINGDAOLI：CANGZAI GUSHIZHONG DE GUANLI ZHIHUI

出版发行	中国人民大学出版社		
社　　址	北京中关村大街31号	邮政编码	100080
电　　话	010-62511242（总编室）	010-62511770（质管部）	
	010-82501766（邮购部）	010-62514148（门市部）	
	010-62515195（发行公司）	010-62515275（盗版举报）	
网　　址	http://www.crup.com.cn		
经　　销	新华书店		
印　　刷	天津中印联印务有限公司		
开　　本	720 mm×1000 mm　1/16	版　次	2023年9月第1版
印　　张	15.25　插页1	印　次	2023年10月第2次印刷
字　　数	155 000	定　价	69.00元

版权所有　　侵权必究　　印装差错　　负责调换

本书赞誉

有人说，20世纪是管理的世纪，21世纪是领导的世纪，领导力科学将变得炙手可热。这本书以幸福大厦模型为基础，融合积极心理学、领导力等多学科知识，提出了"一基五柱"的幸福领导力框架结构，为致力于提升领导力的朋友们寻找到了一条路，开启了一扇窗。

徐井宏

清华大学教授

简约商业思维创建人

中关村龙门投资有限公司董事长

关于幸福的书很多，关于领导力的书更多，但关于"幸福领导力"的书却并不多见。这本书聚焦幸福，探索如何影响并带领团队伙伴奔赴幸福的领导力，其价值与意义重大。对每一个追求幸福并希望与伙伴一起获得幸福的人来说，这本书犹如一盏指路明灯，非常值得一读。

刘世英

总裁读书会创始人

战略就是做正确的事，管理就是把事做正确。本书用"案例故事"叙述具体生动的管理场景，用"理论依据"定义什么是正确的事，用"启智增慧"探讨如何把事做正确，实现了战略与管理的辩证统一、理论与实践的有机融合，非常值得阅读！

潘庆中

清华大学苏世民书院常务副院长、教授

幸福是个常谈常新的不老话题，领导力是个博大精深的抽象概念，要把幸福领导力说明白，需要多学科的知识。本书用宽广的视野、清晰的逻辑、生动的语言、有趣的故事、经典的理论和有用的工具，为追求幸福领导力的人们打开了一扇洒满阳光的窗。

王璞
北大纵横董事长
全国劳动模范

幸福是生命本身的意图和意义，是人类存在的终点和目标。未来，幸福力才是企业终极的核心竞争力。"快乐工作，幸福生活"将成为企业改善绩效、实现高质量发展的全新引擎。

齐善鸿
南开大学商学院教授
南开大学国学与管理研究中心主任

在VUCA时代，幸福领导力不仅是领导者提升自身工作效果的重要手段，更是改善团队工作绩效的有效抓手。这本书为我们提供了很好的案例借鉴、理论框架和方法指引，读起来幸福感满满！

谢克海
北京大学光华管理学院管理实践教授

精神上富有是一个人幸福的真正源泉。探索使一个人精神丰盛起来的路径很有意义。大觉悟者，可以觉醒自己的天命，打开生命的无限可能性。我们只有在事上磨，自性爆发，头拱地"击穿一技接通万有"，才能够找到幸福的源泉。

王育琨
伟事达私董会总裁教练

每个人终其一生都在追求幸福，政府与企业也都在为人民谋求幸福，然而幸福却是最难被定义的，也是最难实现的。我们可能总在焦虑和痛苦中度过漫长的人生。这本书告诉我们，幸福的本质就是快乐地做有意义的事，由积极情绪、投入、人际关系、意义和成就五大元素构成。

幸福是奋斗出来的。个人、企业以及政府如何发挥领导力，领导人们通过奋斗实现人人幸福、国家富强、民族振兴，是需要在工作和生活中不断认真思考、时刻自省、研究总结的重大问题。幸福领导力就是让人人都获得幸福的能力。这本书运用有用的工具、清晰的逻辑深度分析了如何打造幸福领导力，为追求幸福的个人、企业和政府打开了一扇新世界之窗。

慕玲
清华大学公共管理学院中国公共管理案例中心主任

与幸福结合，领导力可以创造更大的价值。面对不确定性加剧的未来，唯有修炼内在智慧，才能突破思维定势、提升心灵格局，创造幸福事业与人生。非常感谢两位作者能够在实践中挖掘，于细微处洞察，贡献幸福领导力与管理智慧。

王仕斌
《企业家》杂志副社长、执行主编

幸福是能够感受的，领导力是能够习得的。这本书借由严谨的系统模型、轻松的案例故事和洞见，深入浅出，帮助我们在良性的感知中习得领导力并精进，带我们通往幸福领导力大厦。

赵阁宁
《哈佛商业评论》中文版副总经理

现代社会创造了丰富的物质财富，却导致了人的疏离和空虚。德鲁克等大师倾其一生都在寻找兼顾富足和意义的出路。幸福领导力就是有益的尝试之一，希望更多人从这本书得到启发。

唐文

氢原子 CEO

没有场景的营销是"耍流氓"，没有场景的管理是"瞎说话"。多年的商学院教学实践让我坚信，案例故事是学习管理知识的极佳手段，品鉴影视剧是熟悉现代化管理的终南捷径。《管理故事会》这个栏目实现了案例故事与短视频的完美结合，达成了理论和实践的有机统一，可以让学生在潜移默化中爱上管理学。我将向学生推荐阅读《管理故事会》的精华内容——《幸福领导力：藏在故事中的管理智慧》。

王圆圆

湖北大学商学院人力资源管理系主任、副教授

推荐序一

幸福力才是企业终极的核心竞争力

彭凯平
清华大学社会科学学院院长、教授
国际积极心理联合会（IPPA）以及国际积极教育联盟（IPEN）中国理事
中国国际积极心理学大会执行主席

最好的企业不是实现利润最大化，而是实现幸福最大化。好的企业能给人带来幸福和温暖，好的企业文化可以提升员工和顾客的幸福感。未来，幸福力才是企业终极的核心竞争力，幸福领导力才是企业家最大的人格魅力。

在哈佛大学以及通用、壳牌这些世界500强企业，幸福课已经成为一门必修课。追求幸福已经不是什么务虚的东西，而是一个必然的主流，也是一种不可阻挡的趋势。

因为幸福有很多好处——幸福的人更有创造力，思维更全面；幸福的人更容易找到生命的意义；幸福的人更健康；幸福的人更容易成功；幸福的人在生活中有更好的关系，有更多的爱和感恩；幸福的人绩效更高。

幸福是生命本身的意图和意义，是人类存在的终点和目标。既然人生的意义是追求幸福，那企业家做企业的意义又是什么呢？

改革开放初期，因为当时物质比较贫乏，中国第一代企业家做企业就是想脱贫致富，也就是西方管理学中所说的"追求利润"。如今40多年过去了，当代企业家不能仅仅停留在这个"小目标"上，而应该更多地探究做企业的使命和社会责任，实现企业长期的可持续发展。

2018年，方太集团基于对中国人幸福哲学的深入洞察和理解，提出了全新的企业使命——"为了亿万家庭的幸福"，并以幸福为主线，完成了幸福四部曲的打造：十年助力一千万家庭提升幸福感；十年助力十万企业家迈向伟大企业；十年助力建设一万个幸福社区。

不仅如此，方太集团希望将幸福融入关于顾客、员工和社会的方方面面。集团董事长茅忠群认为，"厨房是家庭幸福的原点。一个幸福的人首先要健康，如果离开健康，一切就都是空谈。给人带来健康最基础的还是吃饭，一日三餐就离不开厨房"。空气、水、食物是离人健康最近的物质，为此，方太的产品研发一直围绕这三个体系布局，持续通过健康价值给亿万家庭带来真正幸福，产品包括不跑烟的油烟机、母婴级净水器、洗碗机、净水设备等。因此，方太的经营逻辑就是幸福的逻辑。

企业文化在经营管理中所具有的作用人尽皆知，但很多企业在实践中常常停留在理论层面，墙上挂的与实际做的是两回事，口号喊的与具体干的是两条线。文化浮于表面，企业并没有做到知行合一，并没有真正从理念落实到行动，并没有获得高质量发展。那么，问题出在哪儿呢？

问题出在前三排，根源就在主席台。企业家能够理解的人生境界和经营境界一定是整个企业的天花板。企业家的自我提升才是企业成长的关键，自我觉醒才是提升核心竞争力的根本。现在，很多企业家都处在一种很压抑和焦虑的状态，频繁着急发火，经常压力山大。这样的领头人能带领团队打造出幸福企业吗？能建设出伟大企业吗？

但是，如果企业家能把做企业变成一种享受，变成一种快乐和幸福，那他们就会到达另一种全新的境界。在茅忠群身上，我们就可以看到这种状态，尽管他已过了知天命的年纪，工作也非常忙碌，但是整个人看起来十分平和淡定、健康阳光，活在一种自在、幸福地与企业合为一体的状态中。在方太集团身上，我们看到的是打造幸福企业的价值追求，感受到的是仁者无敌的仁爱精神，体现的是中华民族的竞争优势。这种理念和方法值得我们好好学习。如果企业家能够像茅忠群那样，真正树立打造伟大企业的目标，甚至立志带领更多的企业迈向伟大，那么这样的追求是很有价值感的，很充实丰盈的，也是很有意义的。

最近几十年，我们的价值理念太强调社会达尔文主义，我们的企业文化太提倡竞争精神，我们的商学院教育太偏重于西方的工具理论，灌输的理念是竞争、谋略和博弈，甚至摧毁对方，走别人的路让别人无路可走。这种以欲望为中心的管理体系是没有未来的，因为我们只有一个地球，而欲望是无穷无尽的。

真心建议企业家能够自觉升级使命，积极向圣贤学习，重新理顺个人的初心以及企业的使命与宗旨，真正树立大的志向，"以天下兴为兴，以众生兴为兴"，率先垂范幸福领导力，逐步形成具有中国特色、令世人尊敬的管理学派，人类的商业文明也一定会迎来新的转机。

最后，向大家推荐阅读刘建平、尹慕言合著的《幸福领导力：藏在故事中的管理智慧》，相信大家可以从中读懂幸福领导力，活出松弛感，过上更加幸福的生活！

推荐序二

幸福领导力是可以实现的

赵曙明　博士
南京大学人文社科资深教授
南京大学商学院名誉院长
南京大学行知书院院长

当前,"内卷"和"躺平"声不绝于耳,在过度管理和压力山大的背景下,刘建平、尹慕言合著《幸福领导力:藏在故事中的管理智慧》一书像夏日里的一缕凉风拂过心田,让人心情舒畅,幸福感满满。本书没有鸡汤文式的空洞说教,也没有学术著作的枯燥难懂,而是将"幸福领导力"这一主题放在具体生动的案例故事中,寓教于乐,理论升华,娓娓阐述背后的理论依据和有用有效的工具方法,回答了什么是"做正确的事",以及如何"把事情做对"。

我于1981年3月1日到美国留学,就读于美国克莱蒙特研究生大学。作为彼得·德鲁克先生的学生,1991年回国后,我与机械工业出版社合作,一直坚持做德鲁克学说在国内的传播工作,并将德鲁克的管理思想应用到中国企业管理的实践中。德鲁克先生一生著述颇丰,先后出版了40本著作,有一些经典论断更是为大家所耳熟能详。比如,领导者做正确的事(Leaders do the right things),管理者把事情做对(Managers do things right);管理不在于知,而在于行;管理的本质即实践,只有将那些抽象的理论思维变为现实,才能够实现管理目标;等等。本书两位作者的这种"理论与实践相结合、效率与效果相统一"的论证方法,与德鲁克学说的精髓是吻合的,与我长期身体力行的理念是一致的。他们为研究和追求幸福领导力的人们打开了一扇幸福之窗，帮助他们重新看到了选择和获取幸福领导力的希望。

　　幸福是人的一项基本目标，是全世界人类在生活中的普遍期望。领导力是一门科学，也是一门艺术。而要把两者结合起来进行研究，把幸福领导力说明白，就需要跨界融合，整合创新。本书的两位作者以马丁·塞利格曼的幸福大厦模型为基础框架，融合积极心理学、领导力、管理学等多学科知识，结合亲身的职场感悟，提出了以"一基五柱"为特征的幸福领导力框架结构，涵盖12个学科理念、16个思维认知模型、52个幸福领导力故事，字里行间充满了科学见解、实用智慧和深刻反思，内容结构清晰、环环相扣、发人深省、耐人寻味，令人耳目一新、眼前一亮，为读者和管理实践者提供了理论自信、实践借鉴和方法指引，相信大家读后定会受到很多启发。

　　如今，面对纷繁复杂和变幻莫测的内外部环境，领导者在享受无限风光的同时也承受着巨大的责任和压力。凭借多年的研究和探索，我一直坚定相信，幸福领导力是可以实现的，是可以复制的，也是有规律可循的。提升幸福领导力的基本路径就是坚持理论和实践相结合、西方理论和中国实践相统一，在知行合一中持续提升自己影响并带领团队奔赴幸福的能力，假以时日，一定可以到达成功的彼岸。

　　本书通俗易懂、深入浅出，集思想性、理论性、操作性、趣味性于一体，具有很强的可读性。不论你是领导者，还是走在通往领导者之路上的潜在领导者，抑或是安心过自己小日子的普通人，幸福领导力都是值得你认真研习、持续探索的永恒课题。它赋能领导者以理论和方法，帮助他们快乐工作、科学管理；能为潜在的领导者提供清晰的路径，帮助他们在通往幸福领导力的道路上笃定前行、行稳致远；还能告诉更多的普通人以领导者的所思所想、所作所为，帮助他们更和谐融洽地与领导者相处，不断提高幸福指数。

于美国克莱蒙特研究生大学德鲁克管理学院
2023 年 8 月 7 日

作者序

幸福领导力：人人可习得的天赋艺术

之所以与刘老师合作这部作品，一是源于对"幸福领导力"课题的研究，二是出于对"故事智慧力"运用的获益。两者的碰撞，就如同两种化学元素的组合竟能衍生出20多种化合物质那般有趣。

在《荀子·修身》中，荀子曾有曰："是是，非非谓之知；非是，是非谓之愚。"但这本《幸福领导力：藏在故事中的管理智慧》恰恰在力求成为一本无法仅用单一的"是"与"非"来定义"知"与"愚"的作品。正所谓"操千曲而后晓声，观千剑而后识器"，我们所期望带给大家的，绝非标准答案，而是一种与事物交互的思维方式，与世界交流的沟通能力。这种思维与能力不取自任何人，只来源于你自己。

谈到领导力，追溯其发展历程，有一位学术界的泰斗级人物不得不提，那就是沃伦·本尼斯（Warren Bennis）。这位先后为四位美国总统担任顾问、出版过20多部著作的大师也被誉为"让领导学成为一门学科，为领导学建立学术规则的人"。他曾说过："领导力就像美，它难以定义，但当你看到时，你就知道了。"这句话不但巧妙地揭示了领导力的本质，也反映了领导力在现实世界中不仅仅是一项可习得的技能，更是一门人人皆具天赋的艺术。这种天赋艺术，恰恰是我们在日常所见、所闻、所思、所悟中映射与凝练而成的。

同时，故事中的管理智慧关键不在于"管理"，甚至不在于"智慧"，而在于"看见"与"发现"。这就像面对同一件事，不同人所处的角度不同，假设不同，其衍生出的认知定义、采取的行动策略等自然也不尽相同。这无关对错，只是一种选择。

所以，我们希望通过这本书，帮助大家摒弃"说教"，轻松愉悦地面对自己与他人。同时，我们还想在此郑重地提醒大家，请记住：我们完全不必将自己"训导"成为一位被公众广泛认可的领导者，而应该鼓励自己自然顺遂地唤醒天赋，继而运用天赋去探索自我、成为自我，最终探索出属于自己的、独特的幸福领导力。

最后，期待在这趟载满故事的幸福领导力探索之旅中与你并肩相惜！

尹慕言

2023 年 7 月

前 言
用故事讲管理、谈感悟

为什么我们在写有些文章时，自我感觉下了很大功夫、费了很多心思、花了很长时间，但读者并不买账？这是因为我们不会讲故事。讲故事不是一件简单的事，而是一件很有学问的事。水平越高的人越爱讲故事，越会讲故事。下面，我们将结合创作管理故事会的体会，告诉你应如何讲故事。

熟悉我的朋友都知道，我这些年一直保持着做记者时养成的习惯，空闲时间将写作当成业余爱好，笔耕不辍，仅在公开刊物就发表了200多万字，出版了《零压工作：构建职场幸福大厦》和《领导艺术的修炼：培养真正伟大的企业领袖》等书籍。

这些书出版后，我收到了很多读者的花式反馈。读者们普遍反映，让他们印象深刻的就是文章中的一些故事，尤其是一些他们亲身经历过或者让他们感同身受的真实故事。为此，我一度还想解释一下，因为相对于讲故事，我感觉自己在讲道理、介绍抽象概念和阐述理论等方面下的功夫更大、费的心思更多、花的时间更长，有时为了选择一个合适的词语反复琢磨，为了搞懂一个概念查阅大量资料，为了弄清一个理论甚至设宴向人请教，为什么大家对这些并不买账，反而记住的是一些道理看似浅显易懂的故事呢？

我反复问自己，也经常和读者交流、与朋友探讨。一位读者直截了当地说："大家工作都很忙，事情很多，拿到书后就翻了翻里面的故事，其他内容没看，没时间也没有心情看。"一位对文字很有研究、在体制内任要职的朋友说："越有水平的领导越爱讲故事，越没水平的领导越爱讲道理。确实，讲故事是实力的表现、水平的象征、幽默的符号，是个人获得发展的一种核心竞争力。你写的故事读起来感觉还是不错的，比讲一些大道理有趣得多，往后就多在这方面使劲儿吧！"而一直喜欢《故事会》杂志的儿子听到了我和朋友的对话后说："爸爸，这个问题其实非常简单，没有人不喜欢看故事。"想想我自己小时候也是对《故事会》《故事大王》等杂志爱不释手，却从不曾对语文课本有这样的迷恋。

讲故事为何有如此魅力？因为这符合人的认知规律和身心特点，与生理学和信息传输原理也是吻合的。从生理学角度讲，人们爱听故事是因为故事本身是对大脑的一种刺激。一个故事胜过一打道理。一个好故事可以让大脑活跃起来，使人兴奋、激动，由此产生幻想、认同、反驳等系列反应。好的故事会把我们带入特定的处境、特定的关系和特定的挑战中。作为读者的我们不再是路边看热闹的旁观者，而是参与其中的行动者，还能通过故事去深思、去感悟、去行动。

资深投资专家比尔·费舍尔（Bill Fisher）曾说："故事远非某种说服人的把戏，它的重要性根植在人类的心灵中，我们都无法逃避。"

从信息传输的角度来看，讲故事之所以比讲道理更能达到沟通的效果，原因是在经典的沟通模型（如图 A 所示）中，讲故事的信息编码和解码的效果比讲道理的更好。大部分管理者都能讲述大部分听众听得懂的故事，但只有少部分管理者能讲述大部分听众都能理解的道理。

于是，我们决定深挖在职场中看到、听到的趣事，还原和反思过往经历的一幕幕真实场景，将它们掰碎揉烂、抽象升华，站在管理学的角度，通过"加油屯"微信公众号管理故事会栏目进行系统输出，并逐步形成了"三明治"式的风格和特色，即案例故事＋理论依据＋启智增慧。

图 A　沟通模型

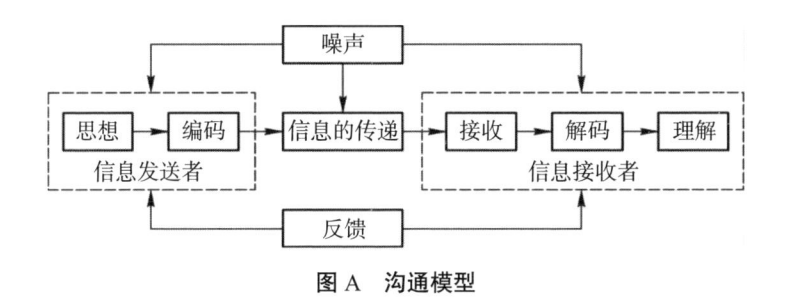

案例故事。这是我们管理故事的核心。为做到有趣、有料，我们借鉴了《哈佛商业评论》中文版推崇的"YUE 管理"理念。

一是新鲜的（young），讲新时代的新鲜事儿，讲自己亲身经历的事，陈谷子烂芝麻的事不讲，别人讲过的不讲，没有时代意义的不讲。例如，淄博烧烤火爆、春晚最红小品《坑》等热点话题，我们都从管理的视角发出了鲜明的声音。

即便是经典的故事，我们也会讲出点新花样来。2022 年 4 月 30 日，我们发布了第 23 个故事——《专心致志的男人最性感：从〈廊桥遗梦〉电影细节说起》。一位电影爱好者私信我说，他特别喜欢看这个电影，也看过很多影评，但还是第一次看到从管理学角度写的影评，内容很新颖，文字也很细腻。

二是有用的（useful），每一个故事都曾带给我灵感和启发，有效地指导了我个人或事业的发展，自己不信和认为无效的不讲，感觉不靠谱的不讲，没有普适性的不讲，没有理论验证过的不讲。2022 年 6 月 12 日，我们发布了第 35 个故事——《以心理资本理论破解安迪越狱密码》。一位多年从事心理资本理论研究的教授私信我说，没想到那么复杂的心理资本理论，你们竟然用一部电影就解释清楚了，深入浅出的做法很好，而且读者在看电影、读故事的同时也完成了学习充电。

三是有长期价值的（effective），这些故事不仅当前有用，今后相当一段时间内也有用，不仅对自己有用，推而广之也具有普适性，昙花一现的不讲，很快过时的不讲，单纯吸引眼球、博流量的不讲。有些读者反映，现在看我们之前发布

XV

的故事仍然有用，一点儿也不感觉过时。2022年12月12日，我们发布了第79个故事——《重温经典电影〈教父〉，品味王道人生》。在文中，我们应用施振荣先生的王道人生理论，从天道、地道和人道三个维度来解读永不过时的老电影《教父》。长江师范学院的朱建峰老师很喜欢这篇文章，将其纳入课堂讨论，要求学生在认真阅读文章的基础上观看影片，并运用需求、领导、沟通等理论进行案例分析。

理论依据。这是我们的管理故事区别于其他故事的特色所在，我们的故事不仅根植于真实的生活，源自经典的题材，而且有着深厚的理论支撑，更重要的是，它们是经过实践检验且确实行之有效的。恩格斯曾说："一个民族要想站在科学的最高峰，就一刻也不能没有理论思维。"我深以为然，如果将这句话放在我们的管理故事场景中就是，一个故事要想广为传播、行以致远，就一刻也不能没有理论支撑。

现代管理学之父彼得·德鲁克认为，战略就是做正确的事，管理就是把事做正确。"做正确的事"与"把事做正确"不是调整词序位置的文字游戏，而是一个辩证统一体，两者缺一不可。我们的管理故事会基于两者之间的辩证关系，先通过理论依据，告诉大家什么是正确的事；然后通过表述启智增慧，与大家探讨如何把事做正确。

启智增慧。在创作管理故事会的过程中，我也在不断地问自己：这个故事真的对我有用吗？真的值得我花时间整理吗？真的需要分享给读者吗？只有在说服自己后，我才开始动笔，写下的每一句话都源于我的真情实感，每一个故事都记录着心灵的成长，每一段体会都是发自内心的深切感悟，每一个工具方法都经过了实践的检验和打磨。

为了向大家输出更多的干货，在"启智增慧"部分，我们坚持"形散而神不散"，在看似闲侃漫谈的同时，聚焦、聚焦再聚焦，将落脚点放在分享行之有效的工具方法、落地执行的操作要领以及具体实施的解决方案上，这样可以方便读者想好就干、拿来就用、用之可行、立竿见影。

随着目标定位越来越明确，读者的关注和反馈越来越多，我们的 IP 形象越来越鲜明，策划团队越来越壮大，采写变得越来越顺手，工作越来越开心。我们的工作逐步进入了一种良性循环。

2022 年 10 月 23 日，我们发布了第 68 个故事——《悲催的 70 后，压力山大的 90 后：要想生活过得去，关键是和压力做朋友》。自这期开始，我们开始与湖北大学商学院教授王圆圆合作，今后文中的视频统一由王老师提供。从此，管理故事会栏目实现了有图、有文、有视频的升级。

2022 年 10 月 30 日，我们发布了第 70 个故事——《同理心说说容易，真正做到其实很难》。我们与喜马拉雅的知名主播陆海洋达成合作，今后视频的配音统一由他提供。从此，管理故事会不仅可以坐着看，还可以躺着听了。

回顾昨天，朋友的支持是我们创作的动力源，真实的职场是我们创作的素材库，五彩的生活是我们创作的最佳佐料，读者的启发是我们创作的源头活水。在创作过程中，因为有爱，我们信心更足，方向更明，干劲更大。

展望明天，我们将继续坚守初心，开放共享，讲好工作和生活中的管理故事，努力打造一个有趣、有料、有温度、有价值的管理故事会平台。

"我有酒，你有故事吗？"为让更多的人受益，影响更多的读者，我们在中国人民大学出版社的大力支持下，精选了一部分管理故事进行系统梳理和归纳提升，以"幸福领导力"为主题，以幸福大厦模型为基础框架，融合积极心理学、领导力等多学科知识，提出了以"一基五柱"为特征的幸福领导力框架结构。其中，"一基"是指自我性格优势和美德，它们是筑牢幸福领导力大厦的地基，我们将在第 2 章中介绍；"五柱"分别为积极情绪（positive emotion）、投入（engagement）、人际关系（relationships）、意义（meaning）和成就（accomplishment），我们将分别在第 3 至第 7 章详细介绍。

在统稿过程中，我们努力做到在结构上，全书内容浑然一体、环环相扣，各章节独立成篇、各自成文；在行文上通俗易懂、深入浅出，集思想性、理论性、操作性、趣味性于一体，力争让专业学者不觉得浅，让普通读者不觉得深，让企业中高层管理人员不觉得俗套，让职场小白可以得到启发。我们希望你可以从中汲取有营养的知识，更希望你读完后给我们反馈，并提出意见和建议。

目 录

CHAPTER 01　幸福领导力：值得一生追求的终极目标

从"压力"时代到"幸福"时代 / 3
独具价值的 PERMA 模型 / 10
认清生活真相之后依然能追求幸福 / 16
幸福领导力从角色定位启航 / 24

CHAPTER 02　自我性格优势和美德：筑牢幸福领导力大厦的地基

邓克效应背后的认知偏差 / 31
人贵有自知之明 / 35
适度留白的学问与门道 / 39
MPS 模式：如何先从优势出发 / 43
用人中的同素异构现象 / 47

CHAPTER 03

积极情绪：让能力撑起梦想

人最大的痛苦是能力配不上野心 / 55

伟大的灵魂都是雌雄同体的 / 59

能否看得开放得下，主要看气质 / 62

迪香式微笑的魅力 / 66

有感恩的心，离成功更近 / 69

洞悉心理资本理论，破解"越狱"密码 / 74

没有危机才是最大的危机 / 83

底线比目标更重要 / 86

重新定义延迟满足，重新认识心性之美 / 89

CHAPTER 04

投入：享受工作的福流

爱是直达另一个人内心深处的唯一途径 / 95

专心致志的状态最迷人 / 99

适度忙碌比闲着无事更幸福 / 103

时代发展需要 T 型人才 / 105

找到你的人生绝活 / 109

打造共同富裕的生态体系 / 112

CHAPTER 05

人际关系：人的本质在其现实性上是一切关系的总和

子非鱼，安知鱼之乐 / 119

建构价值共享的"六度空间" / 124

社会关系的疏远是造成自杀的最主要原因之一 / 127

团结是最硬核的生产力 / 131

管理好你的上司 / 136

在议论纷纷中制定有效的决策 / 140

警惕执行中的"漏斗效应" / 143

CHAPTER 06

意义：让生活更美好

有意义的工作更值得追求 / 151

怕的是比我们聪明的人更努力 / 155

万物之中，学习最美 / 159

高人现场有神灵 / 162

梦想还是要有的，哪怕实现不了 / 165

在控制圈内做事更开心 / 169

跳一跳才能摘到的桃子最甜 / 173

CHAPTER 07

成就：带领团队到有牛奶和蜂蜜的地方去

只有趋势才是你真正的朋友 / 181

尊重常识就是最大的常识 / 184

战术上再大的胜利，也无法掩盖战略上的失败 / 187

哪有什么华丽转身，有的只是"蓄谋已久" / 192

巴顿将军打胜仗的秘诀：智信仁勇严 / 196

重温经典电影《教父》，品味"王道"人生 / 203

CHAPTER 08

结语

领导力的最高境界：做好制度设计，实现无为而治 / 213

后　记　　　　　　　　　　　　　　　　　219

CHAPTER 01

幸福领导力：
值得一生追求的终极目标

从"压力"时代到"幸福"时代

／面对越来越大的工作压力，有些佛系青年可能有些不以为然，做出一番摆烂的样子，他们常说："没啥大不了的，大不了选择躺平，爱咋咋的。"然而，躺平之后，这些压力就自然消失了吗？显然不会。当前，社会正处于从"压力"时代向"幸福"时代的转型阶段，我们应该主动拥抱幸福，为祖国幸福工作50年。／

案例故事

这是一个压力山大的时代，我们的生活都不容易，焦虑、抑郁成了人们最常见的情绪。"70后"或许认为自己很悲催；"80后"觉得有过之而无不及；"90后"觉得自己举步维艰。

一天，吃完午饭，我[①]和同办公室的一个"70后"、一个"80后"、一个"90后"的同事在单位附近闲逛。大家聊起了工作的压力，侃起了人生的无奈，说起了过往的辛酸。

---

① 本书中的"我"大部分指代作者刘建平。

"70后"同事是某省属本科院校毕业的，经过一番打拼，终于在北京落了户、扎了根、买了房。作为一名从农村走出来的孩子，在老家人看来，他似乎已是成功人士，但生活的酸甜苦辣冷暖自知，这位老兄的小日子过得并不富足，时常紧紧巴巴。他感觉自己离实现财务自由的小目标越来越遥远，有时甚至连想也不敢想了。谈起了往事，他感慨万千，并引述了一个很形象的网络段子。国家对"70后"开了一个很大的玩笑：读小学时，大学不要钱，读大学时，小学不要钱；还没工作时，工作是分配的，可以工作时，得自谋职业；没挣钱时，房子是分配的，能挣钱时，发现根本买不起房、娶不到老婆；没有进入股市的时候，人人都能赚钱，兴冲冲闯进去的时候，发现自己成了接盘侠；有能力再生一个时，要计划生育，生不动了，要放开二胎；快退休了，要延迟退休……

"80后"同事显然不认同"70后"同事的观点，有些委屈地说道："比起我，你够幸运了！我只比你晚毕业两年，但一步落后，步步落后。你看，咱们部门的好岗位被你占了，好工作也分给你了，进京户口指标也是你优先获得。当时领导说下次就会轮到我了，结果我一等就是五年，到现在还没解决，依旧属于北漂一族。不想说了，说多了全是眼泪呀！"

"80后"同事话音刚落，"90后"同事就迫不及待地提出了异议。这位"90后"同事，从小学到初中、高中、大学，再到研究生，各科成绩都名列前茅，最后以全国TOP10著名高校的研究生学历毕业，顺利地与一家央企的总部签约，拿到了北京户口。他妥妥地是"别人家的孩子"，拥有春风得意、一路开挂的人生，然而当他说起了生活压力时，也是溢于言表。别的不说，单在北京买一套房子就让他感觉可望而不可即，他说："要在北京买一套房子，拥有一个自己的窝，就得掏光六个'钱包'[①]，连累两大家老小一起节衣缩食，自己也将成为月光一族。"

[①] 指男方的父母、祖父母和外祖父母以及女方的父母、祖父母和外祖父母的钱包，共计六个钱包。

住房压力只是我们工作和生活压力的冰山一角。作为一名力争上游、不甘落后的职场人，更大的压力还是来自工作。

招商信诺人寿联合《哈佛商业评论》中文版发布的《VUCA"乌卡"时代，打造职场续航力：招商信诺人寿 2020 中国健康指数白皮书》指出，在所有的压力来源中，工作压力排名位居榜首。"工作重复没有意义""收入与付出不成正比""时刻在线的工作状态"这"三座大山"持续使职场内卷化加剧。更有甚者，有些人即使勤勤恳恳、辛辛苦苦工作了 10 年，奉献了他们最宝贵的青春年华，也仍然可能面临 35 岁失业的尴尬问题。

有些佛系的青年可能会不以为然，做出一番摆烂、不在乎的样子，他们会说："没啥大不了的。大不了选择躺平，爱咋咋的。"

然而，躺平之后这些压力就自然消失了吗？非也。不信，你也看一下身边号称自己躺平的职场人，他们有几个真正潇洒快乐的？

"宠辱不惊，闲看庭前花开花落；去留无意，漫随天外云卷云舒"所描绘的意境很美，但对身在江湖的职场人来说，这更像是难以实现的乌托邦、与世隔绝的桃花源，他们更多的是身不由己、言不由衷。

《中国职场压力报告 2021》表明，尽管躺平在职场盛行，但显然人们只是说说而已，67% 的职场人会因为事业无成而感到非常有压力。躺平无效，多数职场人依然想要成就一番事业。

《周易·系辞上》中说："一阴一阳之谓道，继之者善也，成之者性也。"与其他世间万物一样，压力和幸福也是一阴一阳。如果说压力为阴，是人们无法逃脱的魔咒，那么幸福就为阳，是人生追求的终极目标。

谈到这里，我们不得不提哈佛大学。在这所世界著名学府里，排名第一的课程不是经济学、数学和法学课程，而是泰勒·本–沙哈尔（Tal Ben-Shahar）的幸福课。泰勒教授被誉为哈佛大学最受欢迎的讲师之一，他的幸福课引起了前所未有的轰动，是最受学生们欢迎的课程之一，而且选修这门课的学生都是带着父母等家人来上课的。最好的东西一定先与最亲的人分享，如此看来，幸福的吸引力远超财富的吸引力。

现在，清华大学、武汉大学、山东大学等一些国内知名高校也流行上"幸福课"。

一次，清华大学心理学系临床与咨询研究室主任、博士生导师、中国科协全国临床与咨询心理学首席科学传播专家樊富珉教授受邀做客山东师范大学大讲堂（即山师大讲堂），并进行了题为"善用性格优势和美德，做最好的自己"的主题演讲。我有幸在现场聆听了这次演讲。

樊教授在演讲中谈到了她在清华大学开设幸福选修课的经历。这门课非常抢手、好评如潮，常常一经推出就被同学们迅速"秒杀"，比春运时抢火车票还难。

一位在清华大学读了九年书的同学在其博士后最后一年的开学伊始，专程去办公室找到了樊教授，向她倾诉了在清华选修幸福课的"艰辛"历程。"我本科、研究生、博士和博士后都是在清华读的，从上本科一年级起就想选修您的幸福课，连续选了九年都没有选上。"这位同学恳切地希望樊教授能给他一次机会，弥补他九选九不中的遗憾。

好教授都是有情怀的，以传播幸福为己任的教授更是如此。最后，樊教授被这位青年学生的积极和诚意深深打动，破格给了这位同学一次选修的机会。

也正是这个机缘，让我开始关注樊富珉教授背后的研究团队——清华大学积极心理学研究中心。这个汇聚名家、群星璀璨的研究团队成立于2014年8月，隶属于清华大学社会科学学院，建立在清华大学强大的学术力量基础之上，由心理学家、社会学家、应用专家、教育学家等跨学科专家教授和学者组成，与国际学术前沿紧密结合，致力于推动中国积极心理学的研究和发展，用科学的方法为人类的幸福提供系统、完善的理论和应用建议，推广积极心理学在各个领域的应用，培养具有传播积极心理学资质的人才[①]。

2016年4月，在清华大学建校105周年之际，清华大学幸福科技实验室在北京正式成立，这也是我国率先建成的世界第一个将积极心理学研究成果进行转化的科技创新孵化平台。这不仅标志着"幸福"开始从学科建设走向商业应用，而且意味着"幸福"正在创造更大范围、更高影响的社会价值。

提到清华大学幸福科技实验室，就不得不提著名心理学家彭凯平教授，他不仅是幸福科技实验室的创立者，还是幸福实验室的联合主席，一直致力于推广积极心理学。

在搜狐创始人张朝阳主持的《星空下的对话》栏目中，彭凯平教授谈到了他在2008年回国后致力于推动积极心理学这门学科的初衷。他发现，虽然中国经济发展迅速，人们的生活水平提升，但人们的幸福感却没有得到相应的增加，人人觉得自己活得不开心，很焦虑、很恐惧，这就产生了大量的心理问题。所以，他决定通过推动"积极心理学"这个新学科的建设来"让人们快乐起来，积极起来，幸福起来"。

难得的是，彭凯平教授不但积极推动学科进入大众视野和应用于商业领域，还在努力把积极心理学的理念、观点和思想与中国的传统智慧相融合，他首次提出将"积极天性"翻译为"良知"，将"flow"翻译为"福流"，将积极心理学的修行方法称为"知行合一"……这让积极心理学显得更加厚重且富有底蕴，更加融合而贯通中西，更加长久而通达古今。

---

① 摘编自清华大学社会科学学院积极心理学研究中心的中心简介。

理论依据

2000年，美国国家科学基金会（National Science Foundation, United States）和美国商务部共同资助50多名科学家开展一项研究计划。该计划旨在弄清楚哪些学科将在新世纪成为带头学科。最终，这些科学家给出了一份长达680多页的研究报告，结论是21世纪，国际科学界最可能出现重大突破的五大领域可以概括为NBICS，即：

- 纳米技术（nanotechnology）；
- 生物技术（biotechnology）；
- 信息技术（informational technology）；
- 认知科学（cognitive science）；
- 社会科学（social science）。

随着生活水平的日益提高，人们自然会越来越重视关怀和呵护自己的心理。马丁·塞利格曼也曾预言，幸福比抑郁更有感染力，螺旋上升的积极目标最终会实现，而且到2051年，全球51%的人将拥有蓬勃丰盈的人生。我们可以预测，以心理学为主的认知科学必将在21世纪获得蓬勃发展，以积极心理学为基础的幸福学也必将持续升温。

启智增慧

面对无处可逃的压力，我们的态度应该是积极接纳，敢于直面现实，不惧怕、不逃避、不压抑，专注当下，和压力做朋友，并且允许自己做一个完全真实的人。

幸福是治愈压力的良药。比直面压力更直接、更有效的方法是自己打心眼里感觉幸福起来。幸福的感觉不是一篇鸡汤文章可以解释清楚的，幸福有着深厚的理论基础，它正走出不被关注的角落，走向无限广阔的未来。

从心理学的发展历程来看，过去，心理学主要关注的是"疗受创者，治愈疾病，平稳心态"，帮助的是大部分患有心理疾病的人，帮助他们重新成为正常人，而对正常人如何获得幸福、过得更好不够关注。

积极心理学是 20 世纪末在心理学界兴起的一种新的研究领域，是一种新的思潮、新的视角，其核心目标就是"理解和帮助人们获得幸福和主观幸福感"。

1998 年，马丁·塞利格曼当选美国心理协会主席。在就职致辞中，他提出了令整个心理学界为之震动的倡议："心理学自弗洛伊德以来，始终关注的是对人类病态阴郁的探究，心理学家们热衷于把 –8 的人提升到 –2，而我的目标是把 +2 的人提升到 +6。"从此，他将心理学研究的关注点从痛苦转向幸福，推动积极心理学进入了全新时代。

积极心理学快速发展且日趋成熟，并开始运用现代实证心理学的方法对幸福进行定义、测量和研究，为幸福研究提供了方法论支撑，插上了科学理论的翅膀。现在，有关幸福的研究正走出象牙塔，走进千家万户，呈现出流行化的传播趋势。当下，我国更是将增强人民的幸福感上升到了国家高度，列入施政纲领，各党政机关、企事业单位也相继将其纳入重点工作，做到了报告里有话、电视上有影、报纸上有文、广播里有声、网络里有名。"幸福"正逐渐成为一个流行词语，滋润大江南北、长城内外，成为推进社会经济发展的强劲动能。

国内许多城市也相继打出了与幸福相关的城市名片，并在央视等主流媒体上投放广告，塑造与幸福相关、有温度的城市品牌形象，如河北的"京畿福地，乐享河北"，福建福州的"福往福来，有福之州"，青海西宁的"绿水青山，幸福西宁"，四川泸州的"中国酒城·醉美泸州，一座酿造幸福的城市"等。

可以预言，幸福作为一种新兴产业，春风正劲，方兴未艾，未来可期。在不久的将来，GDP 可能不再是评判城市竞争力的决定性指标，"美好生活、幸福生活"的目标将成为城市发展的全新引擎。

中国就业促进会副会长陈宇认为，未来国民幸福指数（Gross National Happiness，GNH）必将取代国内生产总值（GDP），成为社会发展和进步的新标志。

独具价值的 PERMA 模型

/《当幸福来敲门》是一部讲述关于幸福的优秀励志电影，也是一部常看常新、看了 N 遍之后依然会触动内心的经典电影。男主角敲开幸福之门的方法竟然与马丁·塞利格曼的幸福大厦模型英雄所见略同，这为探索幸福领导力提供了有益的借鉴。/

案例故事

《当幸福来敲门》是一部关于奋斗圆梦、父爱如山的励志电影，也是一部常看常新、看了很多遍依然会触动内心的经典电影。影片讲述了男主角在濒临破产、老婆离家出走等一系列打击下，始终怀着对美好生活的向往，并以惊人的毅力和强大的信念勇敢而执着地追求梦想，最终成为年薪百万的金融投资家的励志故事。他是如何敲开幸福之门的？以下，我们将借助马丁·塞利格曼的 PERMA 模型（如图 1-1 所示），站在积极心理学的视角来分析一下他是如何成功逆袭并过上幸福生活的。

图 1-1　马丁·塞利格曼的 PERMA 模型

资料来源：马丁·塞利格曼的《持续的幸福》一书。

地基：充分认清自己的性格优势和美德，主动拥抱自己喜欢的工作

影片中，男主角最初是一名医疗器械推销员，但无奈赶上经济萧条的大环境，无论他怎么努力地四处推销，但还是没什么成绩。

一次，男主角拎着他那卖不出去的仪器路过一个高耸的大厦时，遇到一个西装革履、开豪华跑车的成功人士。男主角主动走上前去请教了两个问题："请问您是做什么工作的？您是怎么做的？"

通过第一个问题，他知道了这个人的职业是证券经纪人；通过第二个问题，他知道了对方光鲜亮丽的高薪工作并不需要高学历，更不需要名校毕业，只是需要两个条件：对数字敏感、善于与人打交道。

正所谓"踏破铁鞋无觅处，得来全不费功夫"，这些特征与男主角很符合，就像专门为他量身定制的：他高中毕业，但对数字一向很敏感，上学时数学就学得非常好；同时，他沟通能力强，这些年积累了丰富的推销经验，完全具备一名优秀证券经纪人应有的职业素养。他感觉自己可以胜任这份工作，于是决定试试，并最终如愿以偿。

男主角能够成功地完成职业转型，看似有很多偶然性，但其实也有客观的必然性：他发现了自己的性格优势，并找到了可以与这些优势相匹配的职位——证券经纪人。这正是我们需要重点思考的方面，也是解决问题的关键思路。每个人都有自己的性格优势，找对了方向会事半功倍，否则会事倍功半。

支柱1：永远保持积极的心态，全力以赴追逐心中的梦

男主角在影片中自始至终都保持着积极的心态，他乐观、坚强、坚韧、好学、勤奋、忍耐、热心、感恩、积极向上，心中永远充满希望。

刚开始，尽管他工作不如意，但他没有自暴自弃、怨天尤人，而是每天坐着公交车四处奔波，在各大医院推销他的医疗设备。屋漏偏逢连夜雨，他又相继经历了妻子离开、居无定所、濒临破产等一系列打击，陷入了人生的至暗时刻，但是他始终坚信"一切都会好起来的"，并一次次让自己重新振作起来。

为了敲开人生的幸福之门，男主角像一头不知疲倦的牛，永远在奋力奔跑，一直在与命运抗争，不放弃任何一个希望，不拱手任何一个机会。他白天努力打拼，在职场做各种尝试，积攒实战经验；晚上积极充电，在幽暗的灯光下看书学习，研究专业知识。

在面试的前一天，男主角由于未按时缴纳罚款而突然被拘留了一夜。第二天一早，他一路狂奔赶往考场，一身疲惫，衣服上还有粉刷墙壁时留下的污渍，狼狈不堪，这与其他面试者的西装革履形成鲜明对比。

他坦率地陈述了自己的遭遇，初步扭转了主考官对他的不好印象。当主考官进一步追问："如果有个人面试时穿着邋遢，而我偏偏聘用了他，你会怎么看？"

这显然说的就是此时此刻狼狈的他。

他幽默地回答道："那他的裤子一定很高档。"他虽然身处窘境，但仍幽默诙谐，这很好地诠释了一个勇于面对困难、积极向上的求职人的心态，逗得考官们哈哈大笑。最终，他赢得了实习的机会。

支柱2：投入热爱的事业，充分展现自己在职场中的竞争优势

凭借不懈的努力，男主角终于如愿以偿，成了一家知名证券公司的实习生，但这仅仅是开始，更严峻的考验还在后面：身无分文的他必须无薪实习六个月，而且能不能留下还是个很大的未知数；他必须和其他19个人比拼，业绩最好的人将被雇用，其他人将惨遭淘汰。

由于男主角每天下午必须赶四点的公交车接儿子，然后去教会收容所排床位，因此他必须要在六个小时内完成别人需要九个小时才能完成的工作。他只能比别人更高效地工作：打完一个电话不放下听筒，直接打下一个电话，这样一天可以节约八分钟；一整天不喝水，这样可以节约上厕所的时间……尽管每天都这样不停歇地工作，一个月后，他还是连一张名单的电话都没打完！他意识到，只靠勤奋是不够的，这无法帮他获胜，要成事还得有智慧！

他及时改变了策略，终于抓住了一个蕴含巨大商机的客户——退休基金会执行总裁沃尔特·瑞本（Walter Ribbon）。但第一次见面时，他因为临时替培训主管挪车而错过了预约时间。后来，他主动找机会带着儿子到瑞本先生家拜访并致歉。幸运总是光顾勤奋的人。瑞本先生邀请他们一起观看橄榄球比赛，他因此认识了很多重要客户。最终，大部分客户都与他签了约，并帮他得到了这份工作。

支柱3：培养良好的亲子关系，永远保持满格能量

电影中最让人感动的是男主角对儿子永远不变的爱：不管生活如何窘迫困顿，他都始终维护着一位孩子的童真，给予他应有的快乐：生日时，送给儿子喜欢的

生日礼物；告诉儿子"别让别人告诉你，你成不了才，即使是我也不行""如果你有梦想，你就要去捍卫它"；卖掉医疗器械后出手阔绰地给儿子买零食；去谈生意时也会顺便带着儿子去看足球比赛。

在这不离不弃、相依为命的陪伴中，我们看到了父与子在艰难困苦的生活中流露出的最动人的情感，在男主角给予儿子无条件的爱的同时，儿子也无意识地给予他巨大的精神力量，让他的梦想更加清晰，步伐更加坚定，信心更加丰盈。

支柱4：发现生命的意义，像初恋一般地热爱生活

罗曼·罗兰曾经说过："世上只有一种英雄主义，就是在认清生活的真相之后依然热爱生活。"男主角浑身上下都散发着这种英雄主义：不管处境如何，都永远热爱生活。用现在的流行语说就是，"生活虐我千百遍，我待生活如初恋"。

电影中有一幕让人印象深刻，无家可归的父子二人坐在空荡荡的地铁站的座位上，相顾无言，气氛冷清。为了逗儿子开心，男主角说那台医疗仪器是时光机，一场冒险奇幻旅行就此开始：他们穿越了时空，眼前出现恐龙，情境凶险，他们需要找一个山洞躲藏起来。可是，地铁站里哪来的山洞？他们就躺进了公共厕所！

对孩子来说，有游戏就有快乐，有爱就有安全感。他好奇而开心地问爸爸："我们安全了吗？"在儿子看来，这真的是一场十分有趣的游戏，并没有感到丝毫的困苦。

支柱5：成就商业传奇，从此过上财富自由的幸福生活

毫无疑问，这部电影最鲜明的主旨就是励志：是一个人身处低谷仍然不放弃追求幸福的上进心，是历经千辛万苦"熬"过来的柳暗花明，是底层小人物跃升成功人士的完美跨越。

男主角原本是一名落魄的推销员，尽管工作和生活面临一系列打击，但他心中仍然有梦，不懈怠。最后他克服重重困难，终于成为年薪百万的金融投资家，成就了一段商业传奇。

理论依据

积极心理学之父马丁·塞利格曼综合其研究发现和个人反思，提出了PERMA模型。他认为，幸福不是单一的、可捉摸的，而是多元、有科学配方的，它包含五个元素：积极情绪（positive emotion）、投入（engagement）、人际关系（relationships）、意义（meaning）和成就（accomplishment）。

积极的情绪是指人们在生活中要有快乐感和满足感。人在开心、积极的时候，一定是愉悦的、幸福的。

投入是指人们在忘我做事时的福流状态。人在沉浸、投入地做一件事情时往往更幸福。

人际关系是指来自社会和家庭的有支持性的积极关系。幸福的人是愿意与人分享的，而不是把自己封闭起来。

意义是指追求某个超越自我的目标。人对愉悦的体验来自其对意义的分析。意义很重要，要善于发现一件事情的意思，哪怕这件事看起来很普通。

成就是指卓越的表现和对环境的掌控力。幸福是有结果的，这些结果是能够看得见、摸得着、抓得住的。

这五个元素相互独立，又相互影响、环环相扣，它们共同撑起幸福这座"大厦"。个人的性格优势对每个元素都有影响，为"大厦"打造了坚实的地基。

启智增慧

《当幸福来敲门》这部电影的英文片名为 The Pursuit of Happiness，直译为追求幸福，取自《独立宣言》中提到的"追求幸福"。诚如电影中的一句台词所说，幸福只能去追求，而不能时时拥有。幸福是等不来的，要在实际行动和追求的过程中来品味。

幸福的生活，不是追求快乐，而是乐在追求之中；不只体现为结果，还体现在过程中。幸福不是拼命地爬到山顶，"会当凌绝顶，一览众山小"，也不是在山下漫无目的地游逛，而是在努力向山顶攀登的过程中的种种经历和感受。

追求幸福不是一件虚无缥缈的事，而是人的一项基本目标和普遍期望，是有规律可循的，即理论联系实际，走知行合一之路。

具体到职场幸福，我们推荐阅读本书的姊妹篇——《零压工作：构建职场幸福大厦》。我们以"一基五柱"为主线，通过讲述生动的故事，与读者分享职场的心灵感悟，介绍实现零压工作的路径方法。

认清生活真相之后依然能追求幸福

/ "如果生命只有半年，您会做什么？"这是日本经典电影《生之欲》的一个对白场景。面对即将逝去的生命，主人公痛定思痛，从浑浑噩噩的"木乃伊"生活转变为快乐地做有意义的工作，这其中蕴藏着哪些深层的理论逻辑呢？ /

案例故事

"如果生命只有半年，你会做什么？"这是一个我们在自省时用来拷问灵魂的问题，也是一个在各类培训班上拿出来讨论的不老话题。

日本电影《生之欲》就是讲述这个主题的经典电影。该片讲述了一位身患绝症的市民课课长，在生命只剩下大约半年的时间里，结束了自己30年公务员浑浑噩噩的"木乃伊"生活，幸福地工作的感人故事。

该片是日本导演黑泽明早期的一部现实主义巨作，在世界电影史上具有举足轻重的地位，曾斩获多项大奖。影片对于生死的精神界定，对于官僚主义的深刻批判，对于人性的深度剖析，对于人生的彻底反思，淋漓尽致、深入人心、发人深省、历久弥新。虽然影片拍摄于70多年前，但片中人物的演技和电影的内涵依然闪烁着不可磨灭的光芒，时刻照耀着观影人内心深处的灵魂，美国导演史蒂芬·斯皮尔博格（Steven Spielberg）将此片奉为黑泽明最经典的电影之一。

下面，我站在管理的角度，应用泰勒·本-沙哈尔教授提出的四种人生模式，和大家一起探讨主人公渡边勘治是如何走向职场幸福之路的，以及这背后的深层理论逻辑。

1. 过程和结果都不快乐：30年浑浑噩噩的"木乃伊"生活。 影片一开始，一群妇女联合到市政府申请填平她们所在社区附近的地下水道，建造儿童公园。市民课、土木课、公园课等部门相互推诿，这群妇女带着申请书在各机关部门转了一大圈后又回到了市民课。她们忍无可忍，对工作人员破口大骂后拂袖而去。

渡边正是市民课的课长。他面容愁苦，未老先衰，整日埋头于连篇累牍的卷宗中，日复一日地收发、传阅和签署文件，年复一年地应付市民的抱怨和上诉。他和同事们整天忙碌于没有意义的工作，甚至连他们自己也说不清楚究竟在忙些什么。

有一处细节描写是，主人公每天都在频繁地看表，等下班时间到了就拎包走人，其实人们都在假装做事，为消磨时间而活着。影片中画外音也有这样一句："这个30年没请过一天假、如同行尸走肉的家伙，实际上早已经死了20年。他生活的唯一目的就是保住职位，而保住职位的最好方法就是什么也不做。"

可是，死亡的威胁打破了过往的沉静。渡边因身体不适去医院检查，被查出胃癌，医生说他最多还能活半年。渡边心中充满了恐惧和不安，他实在无法接受这个残酷的现实。他破天荒地请了假。从那时起，他的生命意识觉醒了，开始重新布局生命中的最后一段旅程。

他首先想到的是他的儿子，希望儿子和他一起承受这样的悲伤。儿子是他兢兢业业工作30年的支柱，也是他的精神寄托。他的妻子去世得早，他为了儿子没再结婚，既当爹又当妈，其中的艰辛不言而喻。但是，他从儿子那里感觉不到一点亲情的温暖，也得不到丝毫的慰藉。渡边心灰意冷，万念俱灰，不知所措，甚至开始怀疑人生，他发现自己前30年等于白活了，工作和生活既不快乐，也没有意义，仿佛木乃伊一般，虚度了最美好的青春年华。

2. 过程快乐但结果不快乐：寻欢作乐后依旧心灵空虚。莎士比亚名著《哈姆雷特》中有一句经典台词："生存还是死亡，这是个问题。"回首30年浑浑噩噩的"木乃伊"生活，渡边想一死了之，他悄悄地购买了大量的安眠药，但最后又送了人。在生死抉择的关键时刻，渡边选择了生。然而，30年的工作生活已把他体制化了。影片中的一句话外音"我们渡边在20年前就死了，但在更早之前他还活过，还想干一些事"表明了这一点。

渡边曾青春年少，意气风发，而且还充满热情地写下厚厚的一本《促进办公室效率方案》，然而现在，他早已没有了这种热情，一切都变得按部就班，对曾经深恶痛绝的官僚主义作风也熟视无睹。例如，电影中有这样一个细节，他没有任何表情地从抽屉里取出被搁置已久的《促进办公室效率方案》底稿，撕下封面，当成废纸擦拭着手上的印章。

他本想这样四平八稳地熬到退休，可命运偏偏跟他开了一个天大的玩笑，他的生命已经为时不多了。这一下惊醒了他，他感觉再也不能这样活，再也不能那样过了。

"去日苦多，来日无几，不如及时行乐吧。"多数陷入绝望的人或许会选择及时行乐，渡边也是这么想的。于是，他从银行取出半辈子的积蓄，打算用这些钱去喝酒享乐，来弥补人生的缺憾。他这一辈子都是省吃俭用，从来不花一分钱给自己买酒喝。更可怜的是，他甚至不知道怎么能把这些钱花出去。

在街头的小酒馆里，他带着既想快点死、又害怕死的纠结，第一次花钱买酒喝，而且买的是价格昂贵的酒。尽管他知道自己不能喝，而且患病后喝酒无异于自杀，但是他还是一饮而尽，只为暂时麻醉自己，忘却将死的噩耗和烦心事。

在小酒馆里，渡边遇上了一位自由浪荡的落魄作家，就恳求他带自己到高档消费场所，把这些钱全部花掉。于是，这位作家就带他来到了夜总会一条街，他们一起玩游戏机、跳舞、唱歌、看表演……他们在歌舞升平中放飞自我，在灯火摇曳中寻欢作乐。在酒精的麻醉下，看着灯红酒绿的热闹场景，他一度沉浸于此，暂时忘却了病痛。

他还点了自己最喜欢的情歌《凤尾船之歌》。随着钢琴的伴奏，他目光呆滞，悲伤地唱了起来，而且特别投入，不自觉中已泪流满面。将逝之人内心的挣扎、对死的恐惧和黯然神伤让人无法融入他的孤独。周围的人纷纷向他投来了异样的眼光，都以为他疯了。

很显然，他的悲凉与周遭的欢愉格格不入，他的凄苦与周遭的浮华水火不容。

"热闹是他们的,我什么也没有",朱自清的《荷塘月色》中的这句经典或许能够表达他此时的心情。

第二天早上醒来,酒劲渐渐消退,他发现自己并不快乐,甚至变得更加郁闷和空虚了,"抽刀断水水更流,举杯消愁愁更愁"。

3. 过程和结果都快乐:快乐地做有意义的工作。幸运的是,渡边遇到了一个充满朝气和活力的女下属小田切美纪。她有着普通人家孩子的朴素和率真,有着青年人的梦想和闯劲,对人浮于事的官僚体制毫无兴趣,对毫无创意的机关工作失望透顶。她准备申请辞职了。

在与小田切美纪聊天的过程中,渡边发现她有一种特殊的魔力,可以治愈自己心中的创伤,驱赶即将死亡的气息。他重新燃起了希望,脸上绽放出从未有过的灿烂微笑。这是他从未有过的开心时刻,也是久违的放松和温暖。他享受其中,不能自拔,像在溺水时抓住了一块浮木。他开始对她穷追不舍,每晚都央求她陪自己聊天。可是,小田切美纪已经到玩具厂上班了,而且每天工作很忙,她不想和这个无聊无趣的老头子整天待在一起,逐渐对他产生了厌烦情绪,便提出了断绝来往的建议。但当她看到渡边可怜兮兮的样子时,就决定陪他吃最后一顿晚餐。

在餐馆大厅里,他们尴尬地坐在一起,与旁边座位庆祝生日的喜庆氛围格格不入,也与相邻座位窃窃私语的小情侣的甜蜜完全不搭。渡边鼓足勇气,向小田切美纪说出了自己癌症晚期的悲惨事实,并向她请教:"你为什么这样有活力?我羡慕你,我这个'木乃伊'也想像你那样活着,否则我会死不瞑目。我想在死前做件事,但不知道做什么。"

小田切美纪有些不解。她每天的生活很简单,就是工作和吃饭,看到他认真虔诚的样子,就拿出她在工厂里制作的玩具兔,转动齿轮,兔子便在桌子上欢快地跳动。她说:"我制作它们时感觉很快乐,会想象自己和全日本的孩子一起玩。"

然后建议他也可以做个类似的东西或者换份工作重新开始。

可是，这对他来说似乎已经太迟了。他将头垂得很低，心情很失落。突然，他若有所悟地拿着玩具向楼下奔去。此时，旁边开生日派对的年轻人们一起唱起了生日快乐歌："祝你生日快乐，祝你生日快乐……"

这似乎隐喻着渡边已然重生。他看着眼前的玩具，重新审视并找到了生命的意义。哪怕就是在市政厅的工作，哪怕时间已经不多，他也一样可以发掘工作的价值，做点有意义的事情。这是因为小田切美纪在提到玩具时，不是将它当成了一个标准化的工业产品，而是将它看作自己与孩子们联结的纽带、带给孩子们快乐的礼物。

接下来的故事更像是一场近乎疯狂的自我救赎：一个循规蹈矩的小职员在生命的最后时刻，一反踢皮球的常态，突然有了巨大的勇气，目光也变得炯炯有神，他仿佛堂吉诃德一样，用行动向体制发起了严正的抗议。

第二天一早，他拿出各课室之间相互推来扯去的公园修建方案，立即开始实施。他变得倔强、执着，赖在各课室软磨硬泡，不拿到手续绝不罢休；他变得亲力亲为，风雨中亲自到施工现场督导调研，还累得摔倒在泥水里；他变得勇敢坚定，甚至不惧与黑社会对峙、与副市长顶撞，主动协调遇到的各种难题……

功夫不负有心人。他费尽周折，终于解决了污水问题，还在蚊虫横行的污水沟上修建了一个美丽的小公园。在生命的最后时刻，他切实为社区做了一件实事，也受到了人们的拥戴。这时，死神亦如期而至。

在一个大雪纷飞的深夜，新落成的公园里空无一人。渡边在那里荡起了秋千，仍然用低沉的声音唱着《凤尾船之歌》，他望着这个曾经为之奋斗过的公园，安静地走了……

这一幕极其有震撼力，仿佛让人们看到了人性的豁达超脱和精神的升华。他没有半点生命行将落幕的恐惧和哀伤,而是充满了宁静和喜悦,神情自得,脸上洋溢着笑容,不带任何遗憾地离开了这个世界。这与之前他在热闹中唱这首歌时的凄凉气氛形成了鲜明的对比。

理论依据

泰勒·本－沙哈尔教授在其《幸福的方法》(Happier: Learn the Secrets to Daily Joy and Lasting Fulfillment)一书中提出了以下四种人生模式。

1. 虚无主义型:**过程和结果都不快乐**。当事人既不享受眼前的事物,也不对未来抱有期许,这就好像吃一份口味很差的"垃圾食品",吃时口感不好,吃后回味也不爽。毫无疑问,这样的人生最糟糕,肯定不幸福。

2. 享乐主义型:**过程快乐而结果不快乐**。过程快乐是短暂的,是一时的,倾向于物质和感官层面。"今朝有酒今朝醉",当事人虽然享受了眼前一时的快乐,但同时也埋下了未来的痛苦:在快感消失之后,感觉可能会更空虚,"举杯消愁愁更愁"。例如,炎热夏天的晚上喝冰镇啤酒,吃烤串和小龙虾,这个过程感觉是畅快淋漓的,但结果却可能是对健康不利。

3. 忙碌奔波型:**结果快乐而过程不快乐**。这是大多数人认为的幸福状态,是一种"幸福的假象"。为了追求未来的快乐而牺牲眼前的幸福,这就好像吃一份口味很差的有机食物,吃时口感不好,但很有营养。

4. 感悟幸福型:**结果和过程都快乐**。当事人既享受当下所做的事,又能获得美好未来。因为享受当下,所以过程快乐;因为即将拥有美好未来,所以更有意义。这就像吃一份诱人的健康食品,当下美味可口,长远对身体有益,吃了还想吃,即"饮和德食"。

感悟幸福型人生不仅过程是快乐的，而且结果也是快乐和有意义的。这种快乐来自精神和身体层面，表现为从内心深处不断涌现的快乐感，深层次的满足感。享乐主义型人生仅仅过程是快乐的，这种快乐来自身体层面，是浅层次的满足感。

拥有这两种人生模式的人也有着明显不同的生理活动。多巴胺是一种能够帮助细胞传送脉冲的化学物质，是神经传导物质的一种。这种传导物质主要负责大脑的感觉，传递兴奋和开心的信息。简而言之，多巴胺负责让人们即时满足、及时行乐、见好就上以及一看不好扭头就跑。幸福是有意义的快乐，需要依靠大脑前额叶的活动对快乐感进行一个评价，并控制多巴胺，这是幸福型人生必不可少的要素。

启智增慧

从积极心理学的角度讲，幸福的本质就是快乐地做有意义的事。《生之欲》男主角的做法正好与幸福的科学定义一致。在生命的最后时刻，他终于告别了浑浑噩噩的"木乃伊"生活，自觉主动地做了一件有意义的事。在这个过程中，他是快乐的；同时，结果也是有意义的：他成功地完成了自我救赎，实现了本然的超脱，得大自在。

转型后的男主角能够获得幸福蕴藏着三个关键点：一是过程要快乐，代表现在的美好时光，属于当下的利益；二是结果要有意义，代表未来的美好期待，属于长远的利益；三是一定要做，幸福是奋斗出来的，这其实也是最关键的。

在工作中，如果你有真心想做的项目，那就立即行动，不要拿任何借口搪塞自己，留下遗憾；在生活中，如果你有发自肺腑想做的事，那就立即行动，不要因内心的恐惧而停步不前，让生命有所缺失。

幸福领导力从角色定位启航

/ 找到"北"就是到什么山上唱什么歌。一个运作良好的组织,每个人都有自己的一亩三分地,大家各自管好自己的门、看好自己的人、做好自己分内的事。一位会作为的领导者应该在什么位置就传达与其身份相匹配的信息。/

案例故事

社会是个大舞台,我们都是这个舞台上的演员。只有找准角色定位,有与角色相匹配的言行举止和心理,才能演出好戏,博得观众满堂喝彩。

小到应酬,虽然坐在哪里吃的都是一样的菜,主陪也常说"咱们都是自己人,大家随便坐、随便吃、随便聊",但是怎么坐、怎么说、怎么做却是一门大学问。如果你摆不正自己的位置,随意落座,胡言乱语,不按套路出牌,就可能会被认为不懂人情世故了。

大到参与日常的企业管理工作。一个心中有纲的人,总是能迅速找准自己的角色定位,分清哪些是可以自己做主的"一亩三分地";哪些是别人的责任田,自己不要伸手太长;哪些是职权范围之外的项目,需要报请上级部门审批;哪些是可以授权下级部门办理的事项。反之,一个心中一团糨糊的人,角色往往会错位,眉毛胡子一起抓,种了别人的田,荒了自己的田,让别人和自己都无路可走。

某公司的总经理是从财务总监的职位上被提拔上来的。财务是企业管理工作的中枢,也是推进工作的有效抓手,所以总经理熟悉财务工作对其尽快适应新角色是好事。

但这位总经理上任后,没有完成角色转换,而是仍然按照财务总监的思维方式做事。他管得很细,细到每一笔财务费用计哪个成本科目都要管,买把扫帚也要他亲自审批,每一项工作他都要直接批示到人。

不仅对待财务工作如此,他对待人力资源、战略规划、法律事务等企业工作也事无巨细,一抓到底,管到每一个人。只要他懂的,就没有他不管的。"幸亏总经理不懂市场营销工作,不然我们也会像财务那样惨。"市场营销部的一名工作人员这样说。

不少中层干部一看总经理事无巨细,也就变得越来越懒得思考,索性什么事都等总经理安排好了。可是,一个人的精力毕竟有限,总经理因为种了别人的田而荒了自己的地,该他负责的工作一塌糊涂,整个公司都变得混乱不堪、效率低下。他是一位非常优秀的财务总监,却是一位不称职的总经理。

在一些大是大非面前,找准自己的定位非同小可,更是需要时刻谨慎处之,大意不得。

纵观历史长河,史书上也不乏地位显赫的大人物,但因角色定位不对招致上司忌恨,甚至会带来灭顶之灾,让人唏嘘不已。

战功赫赫的年羹尧之所以给自己招来杀身之祸,很重要的一个原因就是他没有找准自己的角色定位,恃功自傲,目空一切,不仅不把其他朝臣放在眼里,而且敢对皇上有大不敬。最后,他被削官夺爵,列大罪92条,被赐自尽。

电视连续剧《雍正王朝》中有这样一幕让人印象深刻:年羹尧立了战功后胜利归来,雍正皇帝召见第一等战功的将军们时,体恤地说:"天气热,你们都是立战功的人啊,在这儿都不要拘谨了。来,卸甲,大家凉快凉快。"哪知这些将军们竟然没有赶紧谢皇上隆恩,而是面面相觑,还在看年羹尧的脸色。直到年羹尧风轻云淡地说了一句:"既然皇上让你们卸甲,你们就卸吧。"这些将军们才异口同声地齐喊"嗻",并遵照他的指示相继脱下了盔甲。

年羹尧气场之盛,好像一时忘记了"普天之下,莫非王土;率土之滨,莫非王臣"这句老话,不经意间做出了"我的地盘我做主"的姿态,这正是君臣关系的大忌:若日后将士们起了谋反之心,他们只听年羹尧的,不听皇帝的,这怎么能行?是可忍孰不可忍。

看此情景,雍正皇帝虽装作镇静,并设庆功宴盛情款待,但年羹尧"只知有军令,不知有皇上"的训兵模式已经触到了他的心理底线,这为年羹尧的结局埋下了伏笔。

人生如戏,全靠演技。能不能找到正确的角色定位,是衡量一个人是否入戏的基础和前提。是主演就应该稳站"C位",出尽风头;是配角就应该甘当绿叶,烘云托月。大家各就各位,各司其职,才会各得其所,其乐融融。否则,配角抢了主角的戏份,主角自然不舒服,配角也会感觉别扭,大家谁也别想好,观众也会用脚投票,最后一地鸡毛。

理论依据

一位会作为的领导者应该在什么位置就传达与其身份相匹配的信息。一般来说,职级越高,发出的管理信息就应该越抽象、越宏观;职级越低,发出的信息就应该越具体、越微观。"解释水平理论"和斯坦福商学院的相关研究均证实了这一点。

"解释水平理论"认为,领导者与其下属之间的心理距离,会影响到领导者所要传达的信息在下属眼里的具体性和抽象性。

斯坦福商学院(Stanford Graduate School of Business)组织行为学教授尼

尔·哈勒维（Nir Halevy）和巴伊兰大学（Bar-Ilan University）心理学教授亚伊尔·伯森（Yair Berson）研究后发现，级别与下属接近的领导者下达的具体行动指令，以及级别与下属较远的领导者传达的抽象信息会让人们更投入，更愿意付出行动。换句话说就是，如果级别相差较大的领导者发出过于细化的具体指令，或者当直接上级传达抽象信息时，员工的投入程度和积极性都会更低。如果高级别的管理者总是下达一些具体、微观的指令，事必躬亲、事无巨细，结果可能是他们每天虽然忙忙碌碌，但效果平平，而且还可能滋生懒政现象。

启智增慧

在一个运作良好的组织中，每个人都有自己的"一亩三分地"，都应该看好自己的门、管好自己的人、做好自己分内的事。

有这样一种管理错位现象，即比外行领导内行还糟糕的是内行领导内行，典型的例子就是上述故事中那位种了财务的田、荒了自己的地的总经理。他们常常自以为是，以专家自居，越俎代庖，把自己忙得够呛，没给下属施展才华的空间。

德鲁克曾说："最悲哀的莫过于用最高效的方式去做错误的事情。一个在10年甚至15年间都很称职的人，为什么突然之间变得不胜任工作了呢？我所见过的事例，几乎都犯了我70年前在伦敦那家银行里所犯的错误——他们走上了新的岗位，做的却仍然是在老岗位上让他们得到提拔的那些事情。因此，他们并不是真正不能胜任工作，而是因为做的事情是错的。"

一位优秀的领导者应该懂得厘清职责边界，做好与其身份相匹配的事情，种好自己的责任田，不错位、不缺位、不越位，正所谓在其位谋其政。

2016年3月7日，有记者提问如何看待资本市场的起落，时任山东省省长的郭树清（曾任中国证券监督管理委员会主席）回应说他现在基本不关心股市。他紧接着补充说："如果你说股价，我肯定不知道，但是你要问我萝卜和白菜的价格，我肯定知道。现在我最关心的是玉米的价格，现在玉米积压卖不出去。"

有人说，20世纪是管理的世纪，21世纪是领导的世纪，领导力科学将变得炙手可热。领导力科学的方向将去往何处？不论这个世界如何变化，组织如何变革创新，都有一个永恒不变的规律：幸福是生命本身的意图和意义，是人类存在的终点和目标[1]。因此，领导力科学的终极目标必然是幸福领导力，也就是领导者具有通过发挥自身影响力，帮助团队成员发掘自我性格优势和美德，培育团队成员积极情绪、投入工作、构建良好人际关系、发现意义、取得成就的能力，即影响并带领团队奔赴幸福的能力。

方向对了，就不怕路远。那么，我们该从哪里出发呢？定位不对，一切白费。我们始终认为，正确定位是开展好工作的起点。未来，领导力理论和实践也将从角色定位启航，驶向幸福领导力的彼岸。

---

[1] 语出亚里士多德。

CHAPTER 02

自我性格优势和美德：
筑牢幸福领导力大厦的地基

邓克效应背后的认知偏差

/管理专业的学生从本科、硕士到博士，随着他们掌握的管理学知识越来越多，有些人的自信程度会不升反降，有时还会进入"绝望之谷"，感觉怎么做都不对，不知道如何是好，甚至怀疑人生。这是怎么回事呢？下面，我们结合邓克效应分析一下内在的理论逻辑。/

案例故事

我读MBA时，教授《管理学》的老师是一位德高望重的教授，除了硕士生，他也会带本科生和博士生的课。

有一次在课堂上，他讲了一个有趣却发人深省的现象。临近毕业，学生们都在忙着找工作。写毕业生求职推荐表时，大家自然想把自己最好的一面、最突出的亮点展现出来，以敲开用人单位的大门，找个好工作。

作为行走江湖多年的职场人，写推荐表时的有些做法大家都心知肚明，但学生们关于自身特长的推介有时还是会让他吃惊：相当一部分本科生竟然在"特长"一栏中写着"管理"两个字。"我教《管理学》近20年，还在几家上市公司兼任高管,应该说对管理理论和实践有一定的了解,但断不敢在'特长'一栏中写上这两个字。"教授坦诚而客观地说道。

研究生这样写的人就少了一大半,有些人即便写上自己有管理方面的特长,也不再那么空泛,而是聚焦其中的一个细分方向,如人力资源管理方向、战略管理方向等。博士生几乎没有敢说自己擅长管理的了。"管理是一门博大精深的学科,越深入学习就越感觉自己无知和渺小。这是一门学科,更是一门艺术,字不识几个、但会作为的村主任的管理水平可能远比管理学专业博士高。"老教授充满敬畏地说道。

这时,有学生问教授:"老师,您现在对管理的认识处在哪个阶段?"

教授思考了一下,娓娓道来:"我现在感觉自己刚走上正路。每天给大家上课、与大家交流,可以丰富我授课的内容,体验教学相长。不管是给本科生上课,还是给硕士生、博士生上课,我都努力做到因材施教,每节课都比上节课进步一点点。"稍微停顿了一下,他又深情地说,"我离退休还有10多年的时间,我余生只想做好一件事,那就是努力上好一门《管理学》课!"

教授话音刚落,课堂上响起了同学们热烈的掌声。

理论依据

1995年的一天,一名名叫麦克阿瑟·惠勒(McArthur Wheeler)的壮硕男子明目张胆地抢劫了美国宾夕法尼亚州匹兹堡的两家银行。他没有戴面具,甚至没有任何伪装,只是带着微笑在监控下出入银行。他很快就被逮捕。当警察给他看监控录像时,他嘀咕道:"我抹了果汁呀。"原来,他以为抹上柠檬汁会让自己"隐身",只要他不靠近热源就不会被发现(柠檬汁也可被当作隐形墨水)。警察在调查后认为，惠勒既没吸毒也没发疯，只是犯了一个"神奇"的错误。

这件事引起了康奈尔大学心理学家大卫·邓宁（David Dunning）的注意，他和他的研究生贾斯廷·克鲁格（Justin Kruger）对此展开了研究。他们认为，大部分人都对自己在某些领域的能力感觉良好，但有些人却是过度自信。这种认知偏差现象被称为邓宁-克鲁格效应（Dunning-Kruger effect），简称邓克效应（如图 2-1 所示）。这种效应指的是能力欠缺的人在自己欠考虑的决定的基础上得出错误结论，但是无法正确认识到自身的不足，无法辨别错误行为。这些能力欠缺者们沉浸在自我营造的虚幻的优势之中，常常高估自己的能力水平，却无法客观评价他人的能力。

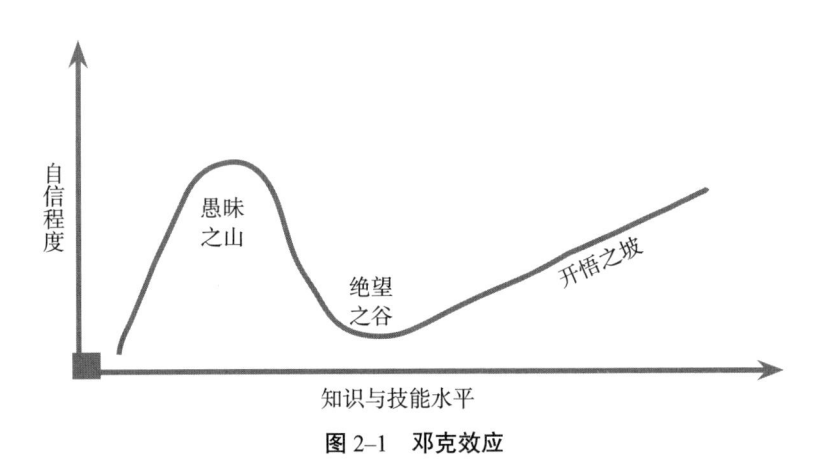

图 2-1 邓克效应

图片来源：知乎 @郝艺益。

邓宁和克鲁格还研究了人们在阅读、驾驶、下棋、打网球等方面的技能，他们发现：

- 能力差的人通常会高估自己的技能水平；
- 能力差的人不能正确认识到其他真正有此技能的人的水平；
- 能力差的人无法认识和正视自身的不足及其不足之极端程度；

- 如果能力差的人能够经过恰当训练而大幅度提高能力水平，那么他们最终会认识到且能承认他们之前的无能程度。

而能力较高的人往往会低估自己的能力。在邓宁和克鲁格的经典研究中，成绩好的学生的认知得分均在前 1/4，但他们在预测成绩时却低估了自己的能力（请注意，学霸的自我评价一般不高，但请不要下意识认为他们虚伪，可能学霸们是真的这样认为的）。

启智增慧

"愚人自以慧，智者自以愚"的理论依据就是邓克效应。

有些刚接触了管理学的本科毕业生自以为读了几本德鲁克的书、学了几门管理教程，就真的懂了管理甚至擅长管理了。其实，从知识和技能水平上看，他们还在通往"愚昧之山"的上坡路上，但从自信程度来看，他们信心爆棚，有一种高亢、虚幻的自我优越感。随着读研、读博继续深造，他们掌握的管理学知识越来越多。有些人的自信程度不升反降，有时还会进入"绝望之谷"，他们感觉怎么做都不对，不知道如何是好，甚至怀疑人生，感觉自己一无是处。这时，他们再没有在"特长"一栏写上"管理"两个字的勇气了。经过一段时间的盘整、自我否定后，他们开始慢慢走上"开悟之坡"，自信程度与知识和技能水平得到提升。这就像上述案例中的那位教授，真诚地认为自己在管理方面刚走上正路，虽然每天重复昨天的故事，上的是同一门《管理学》课，但每天的课都是新的。我们有理由相信，这不是谦虚的客套话。

遗憾的是，并不是每个人都能完整地走完这条曲线，大多数人都是在攀爬"愚昧之山"时就止步了。人们终其一生都很难在某个领域走上"开悟之坡"。

人贵有自知之明

/很多时候，我们人生迷茫困惑，不知道如何去融入这个世界、拥抱这个世界。除了因为这个世界太大太难懂外，更重要的是我们并不了解自己。人的局限性常常在于"灯下黑"——旁观者清、当事者迷，没有自知之明，看不见、看不清真实的自己。/

案例故事

前段时间，前新东方副总裁庄重的一个视频走红网络。这段视频对身处职场、追求幸福的我们很有教育和启发意义。

庄重原来在新东方的一个地方学校当校长，2014年底被调到新东方总部，任副总裁兼总裁助理。这看上去是一次升职，却有些明升暗降，因为大事都需俞敏洪拍板，小事又到不了他这里，这让曾在地方学校手握大权的他有很大的落差。

三十六计，走为上计。庄重想离职创业。原本他以为自己劳苦功高，俞敏洪会挽留他，可没想到并没有得到过多的挽留。

当时，离开新东方的除了庄重以外，还有一批优秀的校长。他们在离开以后做的第一件事就是把持有的新东方股票全卖了。他们中的一些人自我感觉良好，认为自己是团队中不可或缺的骨干，他们的离开一定会在某些方面形成空白，对公司造成重创，新东方必然要走下坡路。可没想到的是，新东方非但没有走下坡路，股价反而一路飙升，业务越做越好。

庄重发人深省的感慨让人印象尤为深刻，他说："一开始是觉得新东方离不开我们，后来才发现，是我们耽误了新东方的发展。人在职场，要分得清哪束光是自己发出的，也要分得清哪束光是平台发出的。"

类似的例子在影视作品中常有所涉及，在我们身边也并不罕见。

某公司的A总自我感觉非常良好，自认为能力很强，所以工作稍有不顺心便愤然提出辞职。

他在公司负责项目建设，手握实权，平时应酬很多，酒量深不可测，人送绰号"酒王"。他身边常前呼后拥地跟着一些商人朋友，这些人对他言听计从、赞不绝口，"A总人品好，有能力、有责任心，是我们永远的大哥"。

一位富商在A总的上级领导面前说："A总是个难得的人才，如果您愿意放，我们公司愿意出百万年薪挖他过来。"要知道，在彼时的小城，百万年薪可是一个天文数字。

随着阿谀奉承的人越来越多，A总有些飘飘然了，处处以人才自居，动辄就说自己"如果不是祖父三代均工作于此，早就辞职下海挣大钱去了"。这些话，不但他自己相信了，身边的一些同事也信了。

不久，A总的上级领导换了人。新上级很不喜欢他，就找个理由把他降职了。A总心里不爽，多次忧心忡忡地预言："嘴上无毛，办事不牢。继任者太年轻，难以胜任，不久的将来就会有他好看的。不信，走着瞧！"

然而，A总的预言最终没有发生，公司十分平稳有序，发展得甚至比以前更好。在争取了一番无果后，他愤然提出辞职，还郑重其事地递交了辞职书。更让人意想不到的是，新领导二话没说就同意了，甚至都没有安排时间来见他。

就这样，A总辞职了。然而，他并没有找到百万高薪的工作，他的商人朋友们也纷纷变了脸，不见了踪影，转而投靠他很不看好的继任者。那个愿意出百万年薪的商人跑得更快，还与他划清了界限。

几番周折之后，A 总开了一家电脑销售公司，也仅能维持惨淡经营。后来他常常用这句话来教导他还在上学的孩子："永远不要把自己看得太重要，没有你，事情一样可以做得好。"

理论依据

许多人会认为自己在很多特性（如诚实、公平、忠诚、体贴、勤奋、礼貌、能干等）上比所在群体的平均水平要高。这就是高于平均效应（above-average effect），又被称为莱克沃比冈效应。美国喜剧大师凯勒在某档广播节目中虚构了一个小镇——"这是一个被时间遗忘，而时光也无法改善的小镇；这儿所有的女人都强壮，所有的男人都漂亮，所有的孩子都不凡"，这个小镇上的人们对自己某些特质拥有错误的认知。

高于平均效应常会出现在以下场景中：当要求人们对自己和普通人的才能进行比较时，大多数人给自己的打分都在普通人之上。

在美国，一份针对 80 余万名学生的调研的结果显示，95% 以上的人在评估自己与他人相处的能力时都认为自己高于平均水平。大部分人在与同学相比时，都会觉得自己更聪明、更好看、更有道德，甚至会活得更久。康奈尔大学的心理学家托马斯·吉洛维奇（Thomas Gilovich）的研究也表明，70% 的高中生认为他们在领导能力方面胜过同龄人，只有 2% 的人认为他们比同龄人的平均领导能力要差。自恃过高的并不只有年轻的学生。一份针对大学教授的研究表明，94% 的教授认为他们的工作表现比他们同事的好。

另外，还有研究结果显示，美国和一些欧洲国家的大学生认为自己的驾驶水平高于所有司机的平均水平，甚至在发生事故后住院的司机也坚持认为自己不比普通司机差。

显然，大多数人心中的自己"优于平均"是一种错觉。毕竟在统计学上来看，仅有49%的人是处于平均水平之上的。

启智增慧

曾有人问泰戈尔三个问题：世界上什么最容易？世界上什么最难？世界上什么最伟大？泰戈尔是这样回答的：指责别人最容易，认识自己最难，爱最伟大。

认识自己是一个既简单又深奥、既耳熟能详又令人困惑、既恒久不变又历久弥新的终身课题。在历史的璀璨长河中，人类从来没有停止过对自我的追问。它与"我从哪里来""我到哪里去"一起，共同构成了人类永恒的三个哲学难题。

知人者智，自知者明。人生在世，首先要做的就是正确认识自己，看清自己的位置，只有这样才能更好地发展自我、成就自我。能看清楚自己，就能看清世界；能看到过去，就能看到未来；能看透世界，就能成就事业，这是变化无常的人生中永远不变的硬道理。

很多时候，我们迷茫困惑，不知道如何融入和拥抱这个世界。除了这个世界太大太难懂的原因之外，更重要的是我们并不了解自己。人的局限性常常在于"灯下黑"——旁观者清、当事者迷，没有自知之明，看不见、看不清真实的自己。

《哈佛商业评论》的一篇文章指出，在职场中，自知之明非常稀缺。95%的人认为自己有自知之明，但事实上只有10%~15%的人真正做到了。

高估自己容易让我们犯下夜郎自大、盲目自信的错误。像上述案例中的主人公，就由于自我认知不清栽了跟头，辞职走向社会、四处碰壁后，才发现世界并不像想象的那么容易，自己也不像想象中的那么强。而低估自己也容易让我们妄自菲薄，失去一些稍纵即逝的机会。当你意识到自己的潜力，外部所有的变化都可能会变成机会，你也将迸发出难以想象的巨大能量。

德鲁克曾指出："你应该在公司中开辟自己的天地，知道何时改变发展道路，并在可能长达 50 年的职业生涯中不断努力，干出实绩。要做好这些事情，你首先要对自己有深刻的认识——不仅清楚自己的优点和缺点，而且知道自己是如何学习新知识和与别人共事的，还要明白自己的价值观是什么、自己能在哪些方面做出最大的贡献。"

一个人的成长必然伴随着认识自我的探索过程，从无意识到有意识，从不清晰到清晰，逐步纠偏，不断接近更加真实的自己。自我认知越充分，对自我越坦诚，在人际交往中就越容易建立起和谐的人际关系，这可以让自己做事顺风顺水、事半功倍，还可以避免祸患、获得幸福。

适度留白的学问与门道

/ 我们从小就学过一个公式：工作总量 = 工作效率 × 工作时间，工作总量与工作时间成正比，工作时间越长，工作总量越大。但对于管理者而言，这可能是一个悖论，甚至"一个组织的最高领导者的忙碌程度与组织风险成正比"。因此，管理者任何时候都不能以忙碌为由拒绝思考，而应该越是忙碌，越要适度留白、找时间思考。/

案例故事

"留白"这个词的外延和内涵正不断拓展，它可以作为一种普适性的工作方法，用以指导如何进行城市规划和广告宣传以及如何制定人生发展规划等。例如，在城市建设中适度留白，可以有效提升科学规划水平。北京、福州等越来越多的城市开始重视在城市建设中"留白"，重点从哪些地方可以建转变为哪些地方不可以建，为城市发展预留战略发展空间，从而避免出现重大结构性问题。

2018年6月，《北京城市副中心控制性详细规划（街区层面）》草案开始征求意见。本次一改往常城市建设密密麻麻、全部建满的传统打法，在寸土寸金的黄金地段，首次划定约9平方千米战略留白地区，为城市后续发展预留空间。其着眼点在于提升规划建设管理水平，通过划定战略留白地区，为城市发展预留弹性空间，避免出现重大结构性问题。

在新闻宣传中有一个不成文的规律：字越少，事越大。比如，中央在发布"大老虎"被审查或调查的消息时，不论其曾经如何功劳卓著，如何位高权重，一般都不到三行字，可谓言简意赅，字字千钧！

新华社北京7月29日电[①]鉴于周永康涉嫌严重违纪，中共中央决定，依据《中国共产党章程》和《中国共产党纪律检查机关案件检查工作条例》的有关规定，由中共中央纪律检查委员会对其立案审查。

留白还可以用来指导我们如何有效地进行广告宣传，更好地吸引人的眼球。在广告宣传中有一条定律，即空白增加1倍，注目率增加0.7倍。也就是说，字越少，越能吸引人的眼球；字越多，可能越没人看。在传播学也有一条普适的真理，即传播效果与字数成反比。然而，这个看似简单的道理，有些人总是想不明白，感觉不写满版面就不过瘾。比如，有些广告客户认为既然拿钱买版面了，就一定要把版面塞满文字，要把产品的卖点一一罗列上去，否则就对不起这么多白

---

① 2014年7月29日。

花花的银子。但他们没有去想，谁又会看塞满文字的广告版面呢？

理论依据

留白原意是指书画艺术创作中为使整个作品的画面、章法更为协调和精美而有意留下相应的空白、留有想象的空间，是我国艺术作品创作中常用的一种手法。艺术大师往往都是留白的大师，方寸之地亦显天地之宽。

我们以宋朝马远的画作《寒江独钓图》为例。画中有一叶小舟，一位渔翁在垂钓，船旁以淡墨寥寥数笔勾出水纹，四周都是空白。画家画得很少，但画面并不空，反而令人觉得江水浩渺，寒气逼人，有一种语言难以表述的意趣，耐人寻味。这种以无胜有的留白艺术具有很高的审美价值，给人以无穷的想象空间。

启智增慧

现代作家梁实秋说，人类的最高理想应该是人人能有闲暇，于必需的工作之余还能有闲暇去做人，有闲暇去做人的工作，去享受人的生活。我们希望人人都能属于"有闲阶级"。有闲阶级如能在全人类普及，那便不复是罪恶。人在有闲的时候才最像是一个人。手脚相当闲，头脑才能相当忙。

我们忙碌的人生也需要适度留白。会做事、能成事的状态应该是有所为、有所不为，对不重要的事情应毫不犹豫地断舍离，给自己留出空间，用于思考和做真正重要的事情。

著名历史学家傅斯年曾说："一天只有21个小时，剩下3个小时是用来沉思的。"此语至今仍被镌刻在台湾大学的傅钟之上。与其他时钟不同的是，傅钟每日只响21次。

有人说，要想废掉一个人，最隐蔽的方式就是让他一直忙碌，忙到他没时间停下来思考。从汉字拆解的角度来看，忙的意思是心死了。一个人的心都死了，其他拥有再多又有何用？

有些人以忙碌为由拒绝思考，理由显然是不充分的。正确的打开方法是越忙碌，越要找时间思考。"两眼一睁，忙到熄灯"有时可能并不是因为工作多得做不完，而是因为没有发现优化和改进的机会，效率低。生活永远是第一位的，工作是第二位，将工作时间缩短、适度留白才是文明进步的表现。作为管理者，尤其是领导者，更需要适度留白，保持一种松弛感。拿破仑说："领导就是当你身边的人忙得发疯，又或者变得歇斯底里的时候，你仍然能沉着和正常地工作。"

人的基本能力就三种，即思考力、表达力和行动力。思考力是第一位的，是万力之源。没有思考力，就没有表达力和行动力。"心之官则思，思则得之，不思则不得也。"一个人在冷静思考时才是清醒的。只有想得深刻、看得明白，才能确保有充足的元气，走得更稳、更远，实现工作和生活的持续精进。

"君闲臣忙国必兴，君忙臣闲国必衰。"同样，在一个组织中，最高领导者的忙碌程度与组织面临的风险成正比。当领导者深陷事务性工作不能自拔时，必然无暇顾及大事和要事。任正非旗帜鲜明地反对高级干部埋头苦干，他多次强调："给我一杯咖啡，我就可以统治世界。高级干部要少干点活儿，多喝点咖啡。视野是很重要的，不能只知道关在家里埋头苦干，要多参加国际（大型）会议，与人'碰撞'，不知道什么时候就能擦出火花，回来写个心得，也许就点燃了熊熊大火，让别人成功了。"

MPS 模式：如何先从优势出发

/ 莫言起初的创作之路并不顺利，后来他听从了工友张世家的劝说后专注写自己熟悉的故事，尤其是"高密东北乡"的故事，才逐渐形成了自己独具特色的 IP 风格。他的故事为我们如何找到自我的性格优势美德、实践 MPS 工作方法提供了有效的借鉴参考。/

案例故事

《文摘报》曾刊登过一篇名为《莫言和他的小说〈红高粱〉》[1]的文章，详细讲述了莫言创作《红高粱》的心路历程。以下内容部分节选自这篇文章。

莫言能够很快拿出一部令老军旅作家信服的战争文学作品来，容易让人归功于其天才的创造力。其实，《红高粱》的成功很大程度上得益于莫言青年时期的工友张世家为他提供的发生在家乡的抗日战争素材。

莫言在《〈红高粱〉与张世家》一文中首次披露了《红高粱》创作过程中的重要细节。1983 年的春节，莫言回老家山东高密探亲访友，与旧时的工友张世家喝酒。张世家否定了莫言此前的军事文学创作，并质问莫言："咱们高密东北乡有这么多素材，你为什么不写，偏要去写那些你不熟悉的事？"随后，他向莫言绘声绘色地讲起了"公婆庙大屠杀"的历史。

这则悲惨的抗日战争故事，最初并没有引起莫言的创作兴趣，直到几年后他考进了解放军艺术学院文学系，参加"纪念抗日战争胜利四十周年"

---

[1] 刊载于 2019 年 10 月 12 日 05 版。

军事题材小说座谈会，这则故事猛然撞击了他的灵感之钟。

当年，莫言就是听了张世家的劝说后开始专注写自己熟悉的故事的，逐渐形成了独具特色的 IP 风格。因其很多作品充满着怀乡、怨乡等复杂的情感，故他被称为"寻根文学"作家。

巧合的是，我在多年前曾与文中提到的张世家有过多次工作上的交集，并与他有过较为深入的交流。

直言不讳地批评莫言的张世家既不是作家，也不是评论家，他年轻时曾经干过乡党委秘书，还兼任过"土记者"，有时也在报纸上发表一些小豆腐块文章。后来，不安分的他断然回绝去高密县委报道组工作的机会，下海经商，自主创办了山东天达生物制药股份有限公司，并推出了植保同类产品中第一个，也是唯一一个被列入国家"863 计划"的产品——"天达 –2116"。单看"天达 –2116"这个名字，就可以看出这位创始人有着相当大的理想抱负，有着不一般的农民情怀，有着独特的眼光和判断力。

"2116"这个奇怪的数字取自美国人布朗写的一本书《谁来养活中国》。书中提到，到 21 世纪 30 年代，中国人口将达到 16 亿，而土地在减少，中国人吃饭将成为大问题。21 和 16 这两组数字，使山东天达生物制药股份有限公司董事长张世家感到心情特别沉重。国以民为本，民以食为天。如何让这 16 亿人吃饱饭、吃好饭，这将是中华民族最重要、最严肃的问题，也将是中国能否真正实现现代化的关键所在。

你可能会说莫言是诺贝尔文学奖获得者，距离我们太远，不如身边的榜样来得直接，更容易借鉴和学习。下面，我举一个曾翘课炒股的"学渣"成了班里首富的故事。这看似爆了冷门，其实不然。这世界没有无缘无故的爱，也没有大风刮来的财，他的成功逻辑在于找到了自己的性格优势，并进行了充分挖掘。

在大学毕业 20 周年聚会上，全班同学聚在一起，大家聊得很多，但最让人感叹的还是当年翘课炒股的"学渣"马同学成了班里的首富。

20 年前，一群意气风发的青年学子相聚在美丽的大学校园，机缘巧合般地同处一室，学习现在耳熟能详、但当时还相对陌生的市场营销专业。

大学四年，大多数同学或者效仿班里的学霸，上课时好好听讲，下课后认真复习，瞄准将来考研、考博的小目标持续发力；或者利用业余时间自主创业，卖点方便面、火腿肠等食品，既能赚点外快、改善生活，还能知行合一、理论联系实际。

可是，唯独马同学特立独行，他有些"不务正业"，疯狂地迷上了炒股。更让大家不解、甚至让辅导员有些生气的是，马同学时常翘课炒股。他有时去证券营业厅看盘，有时去听一些财经人物的讲座，常常看一些《聪明的投资者》之类的书……四年下来，马同学至少有五门必修课程差点挂科！可是，他依然痴心不改，他坚信这是自己将来可以安身立命的职业，可以实现人生理想的事业。

毕业后的前 10 年，马同学业绩平平，混得一般。有一次聚会，混得好的同学已经开上了奥迪，混得一般的也开上了桑塔纳，马同学开的是奥拓。骑自行车的李同学半开玩笑地对他说："我要不开奥迪，要不骑自行车，一辈子都不会开奥拓，丢不起那个人！你啥时也能奥拓换奥迪啊？"

不过，马同学很快就迎来了高光时刻。在 2013—2015 年那场气势如虹的大牛市中，马同学实现了咸鱼翻身，迎来了事业发展的春天，先是将奥拓换成了桑塔纳，然后又将桑塔纳换成了奥迪。他的身份也从打工者变成了基金经理，掌控着几十个亿的资金，俨然成为金融街颇有影响力的大人物，成为全班名副其实的首富。

理论依据

泰勒·本-沙哈尔在其《幸福的方法》一书中提出了幸福工作法。在幸福工作法中，他提出了一种 MPS 模式，即意义（meaning）、快乐（pleasure）和优势（strengths）。这种模式告诉我们，要获得职场幸福，除了做的事情有意义、感觉很快乐外，还要能够发挥自我性格优势。

马丁·塞利格曼认为，幸福感来自自己的优势与美德，通过自己努力获得幸福才会有真正的幸福感受。优势和美德是积极的人格特质，它们会带来积极的感受和满足感。生命最大的成功在于建立并发挥你的优势。

启智增慧

发挥自我性格优势的前提是我们要认真思考并搞清楚自己的性格优势是什么、特长是什么，以及这些优势与哪些环境相匹配、与哪些岗位相适应。

在组织心理学家看来，这就是个人工作匹配度，它衡量的是员工的态度、价值观、能力和性格与工作、职责和组织特征之间的匹配程度。匹配度高，员工的潜能才能被充分挖掘，优势才可以充分发挥，效率才可以充分彰显。

马丁·塞利格曼在 VIA 性格力量分类手册中，归纳出以下 6 种核心美德和 24 种性格力量，旨在为发展青年的积极性格提供有效的途径。

- 智慧和知识——创造性、好奇心、热爱学习、思想开放（能全面透彻地思考问题，不急于得出结论，公平，能根据事实调整自己的思想）和洞察力。
- 勇气——诚实、勇敢、坚持和热情。
- 人道主义——善良、爱和社会智慧。

- 公正——正直、领导力和团队合作精神。
- 节制——原谅/怜悯、谦卑/虚心、审慎和自我调节（自律，控制欲望和情绪）。
- 卓越——对美和优点的欣赏、感激、希望、幽默和虔诚。

个人的优势通常通过那些对你来说容易做到、进步得很快，或者很容易就有耐心坚持到最后的事情表现出来。优势越多，说明可选择的机会越多；越早发现自己的优势，对人生发展越有利。

我们如果能够找到与个人优势相匹配的工作，逐步建立个人独特的 IP 形象，那么个人职业发展会进入"进步很快→积极性被调动→能力得到培养→进步更快"的良性循环，随之而来的自然是远超他人的成长晋升速度；反之，做着与个人优势不匹配的工作，整个人会进入"进步不明显→积极性受挫→能力无法得到提升→进步不明显"的恶性循环，随之而来的往往是在职场中原地踏步，甚至呈现"王小二过年，一年不如一年"的颓废之势。

用人中的同素异构现象

/ 在特定的环境下，一家公司如果既不提任干部，也不淘汰干部，单靠微风细雨的优化组合能发展生产力吗？答案是肯定的。同素异构理论告诉我们，在组织中，同样的一群人由于领导者和被领导者排列组合方式上的差别，管理效果会产生天壤之别。优化组合对构建完善的生态体系、提高组织绩效具有重要意义。/

案例故事

X市地处沿海，当地GDP、财政收入等主要经济发展指标在全省名列前茅。当地有一家通信公司，其主要业务发展指标徘徊不前，相继被一些经济落后的兄弟地市的公司超越。

一般情况下，通信发展情况与地方经济水平是高度相关的，出现这种倒挂现象显然很不正常。不仅如此，这里的上访者络绎不绝，一度占全省信访总量的50%。为此，上级单位多次点名批评该公司，但无济于事。"不换思想就换人"，最后上级单位决定换帅，A总受任于危难之际，接任了该公司的总经理职位。

新官上任三把火。新的一把手上任后往往会进行大刀阔斧的改革，来突出自己的作为，尤其是在接手烂摊子时更会如此，以彰显自己的忠诚。但A总接任时正赶上体制改革的敏感期，要求干部冻结。

没有提拔干部这把利剑，如何烧起这三把火？正在大家为此捏一把汗时，A总已摸清了中层干部的底牌，找准了制约发展的症结。

原来，这家公司的一些主要岗位存在着人岗不匹配的问题。比如，财务部经理不清楚公司的家底、预算统筹能力弱，该花的钱没有花出去，不该花的钱花超了；服务质量部经理是个老好人，不愿意得罪人，害怕得罪人；两个县分公司总经理虽然专业水平很高，但缺乏独当一面的能力。

随即，他主持召开会议，调整了一批干部：让财务知识丰富、善于统筹预算的干部担任财务部经理；让人际沟通能力强、善于营销的干部去开疆扩土、拓展市场；让不怕得罪人的干部来抓服务质量，并且给予其年底不参与平级之间相互打分的"特权"；委派两位知人善用、工作能力全面的市公司中层干部担任县分公司总经理。

在整个过程中，一个干部没提任，一个干部也没淘汰，不见大刀阔斧，只见微风细雨。经过走马换将、优化组合，大家都找到了与自身性格优势更匹配的岗位，随之而来的是信访量快速下降，公司扭转了困境，由落后变成了先进。

员工队伍优化组合好了，可以让一家公司在不增加任何投入的情况下扭转困境，由落后变成先进，促进生产力的发展，提高员工的满意度；反之，员工队伍搭配不好，员工无法发挥性格优势和美德，即便给予不错的待遇，他们也可能会怨声载道，甚至是用脚投票，辞职走人。

某银行某市分行大学生年流失率居高不下，竟然高达40%。"我们的待遇不差，员工平均薪资水平远超当地居民平均收入。大学生离职率如此之高，实在有些匪夷所思！"新来的行长大为恼火，责令人力资源部限期制定解决方案。

人力资源部深入相关单位了解大学生的思想动态，并电话回访了近两年离职的大学生，很快就拿出了大学生流失率高专题情况报告。

导致大学生流失的原因很多，51%的大学生认为最主要的原因是任务过多，发展指标过重。原来，各下属单位为完成任务指标，就把存款、理财、贷款等业务指标分摊到每名员工身上，美其名曰"全员营销"。乍一听似乎有一定道理，这样做可以实现压力层层传导，确保人人身上有指标，个个身上有担子。但这些大学生中很多人的家不在本市，当地亲戚朋友少，利用专业知识干好本职工作倒不是难事，但当地以熟人经济为主导，要完成这些指标难如上青天。

"领导一直说银行经营的本质就是风险。我现在的岗位是风险防控，但我不得不放下手头的工作，四处外拓营销。到底是营销重要，还是风险防控更重要？"一名从事风险防控的大学生在受访时充满了疑虑。

面对这些"跳一跳也够不着的目标"，有些大学生干脆直接躺平，甘愿接受处罚；有些不甘心，"三十六计，走为上计"，选择跳槽或离职以寻找新的赛道。

与这些大学生形成鲜明对比的是，有些人可能学历不高、专业不强，但他们可以轻而易举地完成任务指标。他们愿意与客户打交道，谈笑中就可以获得一笔笔存款、理财和贷款，而且能享受其中。营销就是他们的爱好，服务就是他们的追求。他们可以自由自在地发挥其优势和美德，实现其理想和抱负。

尺有所短，寸有所长。每个人都有自己擅长的领域，每个领域都有能人。对一个组织来说，最好的情形莫过于让专业的人做专业的事，每个人都可以发挥自己的特长和优势，每个岗位都可以找到与岗位需求相匹配的人，让喜欢营销的人去做营销，让从事风险管控的人全心做好风险防控，让喜欢技术的人一心写好代码……大家都可以各得其所，找到自己的真爱。

理论依据

同素异构是化学中的一个重要原理，最典型的例子就是金刚石与石墨。它们都是由同样数量的碳原子构成的，但由于碳原子在空间上的排列方式和组合关系的不同，形成了在物理性质上存在极为明显差别的两种物质：金刚石坚硬无比，光彩照人；石墨却十分柔软。两者在导电等方面也迥然不同。

在企业管理实践中也存在同素异构现象。在组织中，同样一群人由于领导者和被领导者排列组合方式的差别，管理效果会产生天壤之别。优化组合对构建完善的组织生态体系具有重要意义。

启智增慧

现代管理学之父德鲁克曾说，有效的管理者能使人发挥其长处。他知道只关注缺点和短处是做不成任何事的，为实现目标，必须用人所长——用其同事之所长、用其上级之所长和用其本身之所长。不管是谁，如果他在任用一个人时只想避免其短处，那他所领导的组织最终都必然是平庸的。

领导者的业绩主要通过下属来体现，其组织贡献比个人贡献更重要。因此，判断领导者水平高低的关键不在于其自身能力，而在于其用人水平。水平高的领导者能帮助下属发挥其优势，激发他们的活力，一步步把他们培养成独当一面的人才；水平低的领导者常常会只关注下属的短处，让人才无用武之地，甚至可能使他们成为组织发展的阻力和障碍。

领导者用人就是将众才为我所用，将许多偏才融合在一起，打造成有战斗力、无所不能的全才团队，最大限度地发挥每个人的优势。马云在2017年浙商总会年度工作会演讲时坦承："我智商不高，但是我把世界上智商最高的人都请到了阿里巴巴；我不懂财务，但我把财务最好的人请来；我不懂技术，但我把技术最好的人请来，用我们的情商把大家团结在一起，形成一个团队，让大家开心快乐，建立良好的制度。"这一方面表明马云非常谦逊，另一方面也说明，对企业而言，如何发挥每个人的优势和特长确实是一项十分重要且有挑战性的工作。

CHAPTER 03

积极情绪：
让能力撑起梦想

人最大的痛苦是能力配不上野心

/ 胡适有句名言："人生最痛苦的事情是自己的能力配不上自己的野心。"放到管理场景中，这里的能力应该是多维度的，至少涵盖"身言书判"四个方面。这四者是一个统一体，缺一不可。如果缺失其中一项，又无法及时修补，就会形成风险隐患。说不定有一天，这些隐患就可能将我们击垮，影响我们的事业发展。/

案例故事

一个刚退休的朋友回忆起他 30 多年的职场生涯，感慨地说："我从未怀疑过自己的业务水平，也从未否定过自己的判断力，但身体健康方面的原因限制了我的理想，沟通方面的缺陷阻碍了我的成长。"他对康波（即"康德拉季耶夫周期"的简称）理论深信不疑，也深信这样一个观点：人的一生理论上有三次能够获得机会。如果每一次机会都没抓到，你一生的财富肯定就没有了。如果抓住其中一次机会，那么你至少能是个中产阶级。

他说："在我 30 多年的职场生涯中，我也曾遇到了三次好的发展机会，但遗憾的是我只抓住了一次。"他退休前曾在某大型金融企业省级分公司担任中层正职，比上不足，比下有余，但是他仍然心有不甘，感觉有些郁郁不得志。

客观地说，他对金融发展趋势有着超乎常人的判断，在20年前就准确地预测了金融数字化的发展趋势，并提出了一揽子应对方案，使其所在公司提前涉足数字化领域，抢占了市场先机，收益不菲。

他的业务能力的确很强。"按照他的能力和性格，他是集团公司战略规划部总经理或政策研究室主任再合适不过的人选"，他所在的省级分公司一把手曾这样公开评价他，并不失时机地向上级推荐他。然而，他终究还是由于缺乏沟通技巧、身体健康等原因，错失了两次唾手可得的发展机会。

一次是性格弱点影响了他的事业发展。当时，他刚工作不久，由于经常在报纸上发表一些文章，崭露文学才华，便被总经理点将到办公室成为文字秘书，成了领导身边的"红人"。

"给领导做秘书，辛苦是辛苦，但不会白辛苦。领导看在眼里、记在心里，一般情况下两三年就会获得提拔晋升。"同事们对他的职业发展前景十分看好，都对他高看一眼，赞誉有加。

他也很珍惜这个难得的机会，常常加班加点，刻苦钻研业务，以精益求精的文稿质量、扎实靠谱的工作作风、快速反应的办事效率，回报领导的信任和厚爱。

总经理很赏识他的文笔，喜欢他踏实的作风，并多次在公开场合表扬他。然而好景不长，这位总经理没有任何征兆地突然调走了。

新任总经理性格比较急，安排工作要迅速见人，甚至连一袋烟功夫都等不得。有两次他去洗手间，总经理招呼他不见踪影，吓得同事赶紧去洗手间催他。他一路小跑赶到总经理办公室，但总经理还是不满意。

"你怎么做事的，让我被集团公司通报批评？"有一次，总经理一见他就劈头盖脸地训斥了一番，还说了一些粗话，这让他感觉受到了极大的侮辱。

是可忍，孰不可忍。年轻气盛的他突然来了一团怒火，下意识地顶了回去，"你骂谁呢？你再给我说一遍！大不了我不干了。"看他态度如此强硬，总经理反倒是平静下来，连眼皮都没抬就挥手示意他离开："没事了，你出去吧！"

还有一次是身体健康原因影响了仕途。彼时，单位将他列为后备干部，有意栽培锻炼，并委派他到一家环境复杂的子公司主持工作。这家子公司虽然发展基础好，但是由于前两任领导班子不团结，有很多欠账。

赴任前，总经理找他谈话，对他说："人才自古要养成，放使干霄战风雨。"希望他能尽快改变落后被动的困局，取得与当地 GDP 位次相适应的经营业绩。还特别强调，公司将会倾力支持他开展工作。

女为悦己者容，士为知己者死。为了回报组织的信任，他天天"5+2""白+黑"式地拼命工作，还经常有应酬。

然而，改变困局还不是最难的，更折磨他的是他的同事们。由于历史原因，这家公司上访文化盛行，个别员工习惯于告状，甚至以此作为安身立命的主业。比如，他们会在下班后悄悄跟踪领导，将正常的应酬看成花天酒地、铺张浪费，一封一封地写匿名信交给上级部门，甚至当成敲诈勒索、牟取私利的筹码。

就这样，他一边带着队友冲锋陷阵，一边提防着队友的明枪暗箭，身心疲惫不堪。终于，他病倒在了办公室。虽然事后组织部门认定他是清白无辜的，但机会却飞走了。

理论依据

《新唐书·选举志》提到，唐朝选拔官员主要看四个方面：身言书判。

一是身，指身体健康，一表人才，具有相当的颜值。

二是言，指言谈得体，雄辩有理，能够有理、有利、有节地表达自己的观点。

三是书，指书法工整秀丽，写作能力强，具有良好的文采。

四是判，能够快速明辨是非，具有良好的判案和断案能力。

启智增慧

唐朝选拔官员的四字标准距今已经有1000多年，但对当下组织选拔人才、个人事业发展仍有很好的借鉴意义。

放到管理场景中，这四个方面能力缺一不可。如果缺失其中的一项又无法及时修补，就会形成隐患，说不定有一天就可能将我们击垮，影响我们的事业发展，造成痛苦和遗憾。人生最痛苦的事情是自己的能力配不上自己的野心。

在上述案例故事中，朋友的"书"和"判"显然是过硬的，他有很好的文学才华，并且"对金融发展趋势有着超乎常人的判断，在20年前就准确地预测了金融数字化的发展趋势"，然而他的能力是有短板的，那就是"身"和"言"方面有些不尽如人意。

身体是革命的本钱，也是成就一切事业的基本保障。经验和现实生活告诉我们，凡是用身体作为代价来换取的所谓成功，都是"医得眼前疮，剜却心头肉"，迟早要加倍地偿还回去。我们每个人都是自己健康的第一责任人，一定要善待自己的身体，因为零件很贵，而且还很不好配。

面对上司的无端责骂甚至粗话时，我们应该怎么办？是忍气吞声，还是针锋相对？其实，在黑与白之间可以有很多通融的方案，来有理、有利、有节地应对，既维护了自己的尊严，又给上司留下了台阶，而不是针锋相对，让别人无话可说，也让自己一点回旋余地都没有。

查理·芒格说过："要想得到你想要的某样东西，最可靠的办法就是让自己配得上它。"修炼幸福领导力，就是要想办法让你的能力支撑起你的理想，让自己配得上它。当你的能力还撑不起你的野心时，你应该从改变自己做起，缺什么补什么，好好锻炼身体，不断磨炼心性，提升专业本领，早日让能力支撑起你的理想。

伟大的灵魂都是雌雄同体的

／说到世界500强的管理者，你可能会直接联想到他们工作很忙、节奏很快、行程很满、一身正装、西装革履，频频参加各类会议、各种接见、现场调研、庆典仪式等大型商务活动。但这只是他们的一面，他们截然不同的另一面又是什么样的呢？／

案例故事

朋友在北京郊区有个小院，他种的菜丰收了，邀请我们过去采摘并小住一下。那里环境优美，山清水秀，既有北方的豪放大气，也有江南的秀美风情，尤其是夜幕降临之后，十分静谧惬意，让人心旷神怡。

一进小院，我们立马就被郁郁葱葱的瓜果蔬菜给吸引了：红得快要炸裂的西红柿，压弯枝头的海棠果，嫩绿清脆的黄瓜，肥肥胖胖的冬瓜，丰收在望的辣椒……每一样都十分诱人，尤其是在连绵秋雨的滋润下，更是显得流光溢彩，让人垂涎三尺。

我们迫不及待地冲进菜地，那感觉，够爽！那是小时候熟悉的味道，是家乡菜园的感觉，还有阳光的味道。我们边吃边对他赞不绝口："哥们儿，你现在可越来越会生活了！"

大快朵颐之后，他提议带我们到村里随便转转，让我们感受一下京郊农村的风土人情。我们下了一个山坡，看到一块菜地，一个农民模样的中年人正在摘菜，脸上洋溢着丰收的喜悦，鞋子上沾满了泥巴。地头堆了黄瓜、西红柿等新摘的两筐蔬菜。

朋友走过去热情地打了个招呼："董事长，蔬菜打理得不错啊！"

那个中年人抬起了头，扶了扶眼镜说："你今天也过来了啊？自己来的，还是家人一起来的？"我这才注意到这位农民有一些不同的气质。他精神饱满，花白的头发，戴着一副很讲究的金丝边眼镜，目光犀利，眼中写满了故事。

朋友随口答道："几个朋友一起来的，我们也是来摘点菜。"

那个中年人边点头边答道："挺好的。"他突然停顿了一下，若有所思地问了一句："那个走街串巷卖豆腐的老人家今天来了没有？我们家孙女很喜欢吃这口。"

朋友说："那位老人家刚才在我家门口吆喝呢，我一会儿让他到你家这儿来。"

走过菜地之后，朋友小声告诉我："这个看似普通的农民其实不普通，他是某世界500强公司的董事长！他的公司规模很大，子公司或者分公司数量很多。有人曾说过一个形象的比喻，如果一天去一家，五年也走不完！"

我在网络上搜索了这位董事长的名字，找到了240万个相关结果。从这些结果中可以看出，他工作很忙，节奏很快，行程很满，与我刚才见到的那个人简直判若两人。

朋友这些年驰骋商海，生意做得风生水起，见识过大场面，也经历过凶险，他似乎更能理解这位董事长的心情:"我们创业,虽然收入高,但压力也大,关键时刻容不得半点闪失。在需要做决策的时候,我就会跑到这里住上几天,在地里劳作一番,或者静静地点上一支烟,听着蟋蟀的鸣声,看着长势喜人的瓜菜,有时突然灵机一动,灵感就来了。历史经验表明,这种情况下做出的决策往往是最有效的。"

理论依据

雌雄同体在生物学上指同一个体身上既有成熟的雄性性器官,又有成熟的雌性性器官;在体形构造及生理特征方面,表现为雄性及雌性的混合物。而在心理学上,雌雄同体指同一个体既有明显的男性人格特征,又具有明显的女性人格特征,即兼有强悍与温柔、果断与细致等性格,按情况需要做出不同的表现。

英国女作家弗杰尼亚·伍尔芙(Virginia Woolf)曾说过:"伟大的灵魂都是雌雄同体的。"

启智增慧

一个灵魂之所以伟大,并被称为雌雄同体,最基本也是最重要的原因是他们具有多重人格。女性的感性能够带你感受到世界温柔、细腻的一面,实现以柔克刚;而男性的理智则会帮助你在关键时刻冲破情绪的枷锁,用智慧武装自己。

将理性和感性这两种互补的性格融于一身,将引导一个人走向伟大,其魅力也会直达人心。一个雌雄同体的人,既有男人的睿智,又有女人的知性;既能得心应手地处理客观问题,又能游刃有余地把握人际关系。这也是我们人生修炼的目标。

美国作家菲茨杰拉德曾说:"检验一流智力的标准,就是看你能不能在头脑中同时存在两种相反的想法,还能维持正常行事的能力。"同样,检验一个人的人格是否完善的标准，要看他的身上是否具有两性的优秀特质以及多元思维，并且能自如地切换和融合。这种多元统一、丰富完整的人格追求正是众多成功人士坚持的标准，这在无形中造就了他们超脱的气质和独特的人格，赋予了他们迷人的魅力。

"人间烟火气，最抚凡人心。"工作烦了，打拼累了，到人间烟火处调整一下，也是释放压力的很好方式。

能否看得开放得下，主要看气质

/ 面对一些糟心事，我们常劝当事人想开点，当事人自己也常会说"没事，我想得开"，但是真正能做到心口如一的并不多。能否看得开、放得下，嘴上说的不算，气质说了算。/

案例故事

前几天，我在家收拾东西时看到了老照片。回忆起昨天的一幕幕，联想到故人和朋友，不由感慨万千、思如泉涌。其中有一张照片让我感受颇多。

这张照片拍的是一家分公司前高管 A 总生前参加的最后一次书法比赛的作品，写的是"宠辱不惊，闲看庭前花开花落；去留无意，漫随天外云卷云舒"。他的这幅作品荣获了那次比赛的二等奖，但仔细观察一下就会发现美中不足：字里行间稍微欠缺一些行云流水的洒脱感。有道是字如其人，这幅作品似乎也能反映 A 总当时的心路历程，印证了他的一些人格特点。

A 总自幼爱好书法，小时候就临摹过王羲之等多位名人的字帖，童子功过硬。

参加工作后，他笔耕不辍，数十年如一日地坚持练习，也常常在公司内外的各类比赛中斩获奖项，是公司上下公认的才子。50 岁那年，他更是春风得意，被集团公司任命为分公司的副总经理（主持工作），这是他事业的高光时刻。但就在这个时候，分公司出现了一个意外情况：一个服务质量问题被当地媒体曝光，并被投诉到了集团公司的主要领导那里。

当时，集团公司正在开展服务质量专项提升活动，随即将这个投诉升级为典型案例，并上追两级，对 20 多名相关从业人员进行了从重从严问责处理，其中就包括还有一个月就可以转正的 A 总，他被安排了一个闲职。

很多同事和朋友劝他别太伤心，可他苦笑着说："没事，我想得开，这样我就可以有更多的时间练习书法了！"话虽这么说，但明眼人看得很清楚，A 总其实对这件事一直耿耿于怀，既没能看开，也没能放下，他的气色越来越差。

被贬任闲职后，A 总练习书法的时间的确是多了，作品也多了，却总是让人觉得少一些灵气，缺一点轻松飘逸的痛快。就是在这样的情境下，A 总参加了这次书法比赛，但往年常斩获一等奖的他只获得了二等奖。这既在意料之外，又在情理之中。

A 总从此更加闷闷不乐，常感叹世态炎凉和人生无常，显得郁郁不得志，满身的抱负无法施展，脾气越来越差，来往的同事朋友也越来越少。

时隔一年，在一次体检中，A 总被意外查出癌症晚期，简直是晴天霹雳！之后，他身体更是一天不如一天，不久就去世了。

理论依据

自我同一性是美国心理学家埃里克森提出的理论，指的是一种关于自己是谁、将来要向何处发展，以及社会上何处适合自己等坚定、一贯的认识。建立自我同一性是个体成为有创造力的、幸福的成年人的关键一步。其意义在于：第一，对"我是谁"等问题形成坚定、连贯的意识；第二，对过去的连续感和将来的方向感有清晰的认识，即"何去何从"；第三，建立自信感和自我价值感；第四，形成幸福与安宁感。

心理学家玛西亚等人研究发现，青少年个体面临角色同一性与角色混乱之间的冲突和选择时，会产生四种可能的情况。

第一种是获得角色同一性，这意味着个体在充分考虑了各种可能的机会和自己的情况后，做出了自己的选择并为自己的目标而努力，但只有少数的中学生属于这种情况。

第二种是同一性拒斥，即个体并非充分考虑自己的各种体验和各种可能的选择，而是把选择的权力交给了父母或其他权威人士，完全接受他人对自己提出的要求和为自己树立的目标和生活方式。

第三种是同一性迷乱，有些个体未能成功地选择或没有严肃地考虑这些选择，对自己的社会角色和人生目标未能形成定论，产生迷乱。

第四种是同一性延迟，即由于内心斗争而导致未能在本时期获得同一性。

启智增慧

玛西亚等人的研究成果是针对青少年提出的，但对成年人也有很好的借鉴意义。能不能达到同一性获得状态，这是衡量一个人是否拥有持续稳定的幸福的标志。

在上述案例故事中，A总在被贬职后就处于同一性延缓状态，"这类人正在经历埃里克森预言的危机。他们要做出一个承诺，但是现在仍然在各种选择之间犹豫不决"。他嘴上说着"没事"，书法作品的内容也是轻松飘逸的主题，但明眼人很清楚，他其实一直没能看开和放下。

相比 A 总，苏东坡一生经历更加悲催，他三次被贬[①]，越贬越被边缘化，越贬越背井离乡，而且似乎永无出头之日。但不同的是，他被贬之后处于同一性获得状态，"这类人已经度过了危机阶段并做出了最终决定"，是心里真的"没事"。所以，他在晚年回溯自己的一生时，觉得最有成就感的恰恰是自己被贬后在三座城市所做的事情，"问汝生平功业，黄州惠州儋州"。

也正因为苏东坡拿得起、放得下，他才能在诗、词、文、书、画等方面取得登峰造极的成就，成为北宋中期的文坛领袖。

一个心中有杂念的人是无法在作品里旷达超脱的，是无法在生活中超凡超俗的。最能体现这一点的当属他的代表作品《定风波·莫听穿林打叶声》：

三月七日，沙湖道中遇雨。雨具先去，同行皆狼狈，余独不觉。已而遂晴，故作此词。莫听穿林打叶声，何妨吟啸且徐行。竹杖芒鞋轻胜马，谁怕？一蓑烟雨任平生。料峭春风吹酒醒，微冷，山头斜照却相迎。回首向来萧瑟处，归去，也无风雨也无晴。

这首词作于他黄州之贬后的第三个春天。在野外途中偶遇风雨是最容易让人多愁善感的，但我们读到的却是平静悠闲、潇洒豪放，看不到他的一丝失落失意和郁郁不得志。

做人须做苏东坡，做事须学王阳明。人生在世，草木一秋。无论生活得是好

[①] 1080 年，被贬黄州；1094 年，被贬惠州；1097 年，被贬儋州。

还是坏，无论富裕还是贫穷，无论疾病还是健康，都要看得开、拿得起、放得下，努力早日达到同一性获得状态，成为一个真正幸福快乐的人。

迪香式微笑的魅力

/ 层层选拔的服务风采比赛比到最后，比的究竟是什么呢？不是运作规范，也不是业务知识，而是谁会迪香式微笑。"谁笑得最美，谁笑到最后"，这是最后胜出者的撒手锏。/

案例故事

一次，某行业组织全国窗口单位服务风采大赛，选手都是各省（区、市）层层选拔上来的，然后临时组队进行封闭集中脱产训练一个月，代表各单位的最高水平参加比赛。既然是比赛，就会优胜劣汰，也就是说，不管这些选手能力多么强，技术多么娴熟，还是要区分出一二三等。

比赛规则是各团队进行 10 分钟服务礼仪展示，然后由第三方的五位评委根据五大方面 25 个小项指标为他们打分，按得分高低确定比赛结果。

比赛结束后，五位大赛评委边吃饭边交流心得体会。其中，一位年轻评委说："看了一天的比赛，感觉有些眼花缭乱，各团队的礼仪表演像国庆阅兵方阵一样，似乎都很规范，看不出多大区别，真有些难分高下。"

有两位评委随即附和说："没错，的确是这样。参赛选手都是优中选优、精心挑出来的，淘汰率比考清华北大都高，基本动作规范看起来都半斤八两，基本业务知识大家也都背得滚瓜烂熟。"

这时，一位年纪稍长的评委不以为然，自信满满地说："说复杂其实也简单，其实没必要对五大方面25个小项指标逐一打分，有一个简单的方法可以迅速判断优劣，那就是看谁笑得最美就给谁打高分。"他稍微停了一下，接着补充道："我这样做并不是不负责任。在紧张的应试环境中，能否自信、自然地展示出迪香式微笑完全可以看出选手的基本功、实力如何，更能看出他们对现有工作是否满意，甚至能看到他们所在单位的经济实力和文化氛围。"

他的话音刚落，其他评委纷纷表示赞同，其中一位评委借用泰戈尔的一句话，恰到好处地总结道："当一个人微笑时，世界便会爱上他。"

理论依据

"迪香式微笑"是心理学上的一个专业名词。100多年前，法国医生迪香做了这样一项研究，他给人的脸上通上电极，看看刺激哪块肌肉的活动可以产生什么样的表情，结果发现一个特别美好的表情。这个表情主要特点就是：笑容饱满；嘴角肌上扬，颧骨肌上提，使面颊提高；眼角肌收缩，使眼周皱纹出现（如图3–1所示）。后来，人们为了表示对这位医生的敬意，将所有带有眼周皱纹的真心微笑称为迪香式微笑。

积极心理学家深入研究迪香式微笑，发现拥有迪香式微笑的人，具有更积极的情绪，更具有创造力，也更具有感染力，有更好的人际关系，更幸福，更健康，更长寿。

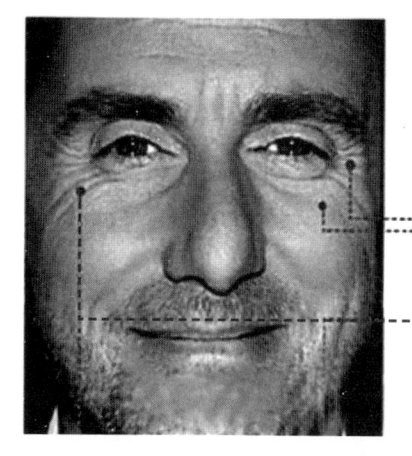

① 眼角皱纹
② 脸颊鼓起
③ 眼睛周围肌肉运动

图 3-1　迪香式微笑

资料来源：网络。

启智增慧

美国女演员和模特辛迪·克劳馥（Cindy Crawford）曾说，女人出门时若忘了化妆，最好的补救方法便是亮出她的微笑。微笑是最美的化妆品，是世界通用的语言，是最好的社交礼仪，也是让人产生积极愉悦、最能给人好感而且极富感染力的情绪，就像是寒冬里的一抹暖阳，夏日里的一股清流，温暖人的心窝，细润人的心田。我们要不吝惜自己的笑容，把微笑当成一种习惯。今天，你微笑了吗？你会迪香式微笑吗？

我们平时常说，爱笑的女孩子命运不会太差。其实，不仅是女孩子，爱笑的人，不论是男孩子还是女孩子，老人还是年轻人，谁笑得灿烂、笑得真诚，谁就更健康，就容易得到更多的机会，取得更好的成绩，获得更高的收入。

美国西南航空公司多年来一直雄踞《财富》杂志发布的"全球最受尊敬的公司"榜单，员工幸福感超强。该公司刻意地选聘那些愿意带着真诚微笑从事服务业的人们，力求营造快乐友爱的企业文化。他们认为，能力可以培训，态度很难培训。性情快乐的员工将对顾客产生正面影响。

美国心理学家埃德·迪纳（Ed Diener）研究了美国大学生找工作成功的概率。结果表明，那些阳光、朝气勃勃、笑容满面的学生更容易成功地找到工作，而且19年后的工资平均要比那些不会笑的多25 000美元。

有感恩的心，离成功更近

/ 刘姥姥进大观园是经典名著《红楼梦》中的经典章节。在这段深受广大读者喜爱的故事中，有一处细节描写特别发人深省：刘姥姥两进大观园受到了差别非常大的对待，第一次被简单打发，第二次受到隆重接待，这背后的深层次原因是什么呢？/

案例故事

《红楼梦》中有一个人物塑造得很成功，滑稽、真实且精彩，那就是刘姥姥。在前80回中，她曾经两进荣国府，虽然嘴上说着是去探亲，但心里面打的算盘大家都心知肚明，那就是攀远房的这门富亲戚。

刘姥姥第一次进大观园

刘姥姥第一次鼓起勇气踏进大观园是因为家道艰难，日子实在是过不下去了，儿孙都等着吃饭，可是家中又没有余粮。

在生活与尊严面前，大多数人都会选择前者，更何况刘姥姥是一个半截身子埋进黄土里的人，还在乎什么面子和里子呢？

刘姥姥想得很明白，剧中她和女婿狗儿说："去贾府，你是个男人，又这样个嘴脸，自然去不得，我们姑娘年轻媳妇子，也难卖头卖脚的，倒还是舍着我这副老脸去碰一碰。果然有些好处，大家都有益，便是没银子来，我也到那公府侯门见一见世面，也不枉我一生。"

于是，她衣衫褴褛地闯进大观园，想抱着试试看的态度，前来讨点救济。为了给自己壮胆，还带上了小孙子板儿。

这次，王熙凤显然是随便打发刘姥姥这家穷亲戚的，从凤姐的言谈举止中便可以一眼看出。

凤姐说道："这是二十两银子，暂且给这孩子做件冬衣吧。若不拿着，就真是怪我了。这钱雇车坐吧。改日无事，只管来逛逛，方是亲戚们的意思。天也晚了，也不虚留你们了，到家里该问好的问个好吧。"女管家这个态度显然是居高临下、不容分说、无心挽留、端茶送客的意思。

这一次，刘姥姥仅仅见到了贾府的主事人王熙凤，连唯一与他们家有交集的王夫人也没有见到，且在荣国府待的时间很短，只是在大观园边上转了一圈，就被打发走了。

刘姥姥第二次进大观园

刘姥姥是一个感恩的人。在家里的农产品丰收之后，她首先想到的是将最好的瓜果菜蔬挑出来，孝敬荣国府的富亲戚，诚心诚意地说道："老太太、太太、奶奶、姑娘们天天山珍海味也吃腻了，孝敬你们吃个野味儿，也算是我们的穷心。"

几袋原汁原味原产地、带着泥土气息的新鲜瓜果，发自肺腑、充满感恩之心的朴素话语，爱讲故事、同理心极强的情商交际高手，让王熙凤看到了一个知恩图报、令人尊敬、与众不同的刘姥姥。

贾府曾经资助过好多穷亲戚，他们拿到银子后继续混吃等死，很快挥霍一空，但是刘姥姥却用贾府的接济置办了一些田地，种了这些瓜果，生活也变得殷实起来。

于是，王熙凤对她的态度发生了逆转，对她格外照顾，好吃好喝地招待她，留她住宿，还在贾母面前添了不少好话，才促成了她们的"天上缘分"，有了"刘姥姥喜游大观园"这一段更为精彩的故事。

这一次，刘姥姥连住了好几天，把古往今来没看过、没吃过、没听过的全都经历了。上至最高人物贾母，下至宝玉、黛玉等贵族青年，在这一回都出现在了她眼前，还同吃同乐同喝。她向他们讲述了很多乡下好玩的故事，给贾府上下带来了前所未有的欢声笑语。

临别时，刘姥姥向王熙凤告别，发自肺腑地表达了自己的感恩之意："我回去一定天天烧高香，求菩萨保佑你们长命百岁。"她还不断地让板儿磕头谢恩。

最后，刘姥姥还满载而归，各式礼品装了一马车：108两银子（这是当时普通人家五年的全部花销）、绫罗绸缎、茶具点心以及其他珍贵物件。

后来，故事的发展也证实了王熙凤的眼光之毒。在贾府被抄家、走向穷途末路时，一众人如鸟兽散，但刘姥姥与孙子却舍身救下险些被卖进妓院的巧姐（王熙凤的女儿），这也体现了她"滴水之恩当涌泉相报"的性格。

理论依据

社会上研究感恩的专家学者很多，有关感恩的文章更是浩如烟海。东西方文化差异很大，但有一点却不约而同，那就是都特别强调感恩的作用。

出人意料的是，世界上首次指出感恩重要性的人竟然是亚当·斯密，要知道，他是因强调私利是驱动力而出名的经济学家。他清晰而又合乎逻辑地说，正是激情与情感将社会交织在一起，情感（比如感激之情）使社会变得更美好、更仁慈、更安全。

耶鲁大学第 23 任校长彼得·沙洛维（Peter Salovey）曾说，感恩的人更幸福。心存感恩会使我们做出帮助别人的行为，就很难同时感受到妒忌、愤怒、仇恨等负面情感，我们的心情会更加阳光灿烂。心存感恩的人能让我们更好地应对生活的压力，而且即使我们深处困境，我们也能发现美好的东西。

心理学家的研究还表明，感恩有益于人们的身心和事业发展。例如，感恩能够拓展人们的思维，使人们更加容易融入生活、融入人群，并与其他人和谐相处；帮助人们更多地接纳自我和个人的成长，有更强烈的目的感、意义感和道德感。这些人通常对生活更满意，行动的动机更强烈，他们也更健康，睡眠也更充足。

另外有研究发现，感恩和工作效率有密切的关系。那些在月底给自己的员工写一封感恩信的领导，可以显著提高手下人的工作积极性，让生产效率提高 20%。

人类最好的生活品质就是感恩之心。凡事皆有因果，显而易见的是，人们更愿意帮助那些过去一直感恩他们的人，而不是那些忘恩负义的人。

人性最大的恶是不懂感恩。莎士比亚在《李尔王》（King Lear）中更是形象地写道，一个忘恩负义的孩子比毒蛇的牙齿更让人痛彻心扉。

启智增慧

树高千丈不忘根，人若辉煌莫忘恩。做人要饮水思源，常怀感恩之心，发自内心地唱好一首歌——《感恩的心》。

不仅要在成功之后表示感恩，还应该随时随地感恩。感恩的心，离成功更近；

感恩的人，更容易成功。人们永远更愿意帮助感恩的人，这是由人的本性决定的。

哪有什么岁月静好，是有人在替我们负重前行。当我们说自己的生活如何潇洒时，要时刻对替我们负重前行的人抱有一颗感恩之心。因为他们，我们才能自由自在地做自己，无所顾忌地追求理想。

小时候的日子是幸福的，我们每天只管开心地玩耍，不用担心一日三餐如何；只管背着书包去上学，不用考虑学费……长大以后，我们才知道是父母帮我们抵挡了风雨，让我们可以无忧无虑地玩耍、自由自在地学习。

工作以后，我们或快速成长，或事业有成，那一定是在不同时期得到了不同的贵人相助。或许，他们帮你时各有不同的初衷，但没有他们的帮助，你一定会在黑暗中摸索更长的时间，甚至永远也爬不出来。

对别人帮助的感恩要找机会说出来，而不能闷在心里，以为对方心知肚明，有心理默契。许多成功人士在公开演讲中，不论时间多么宝贵，都不会在真诚感恩方面吝惜用词用句。

生活中有些小有成就的人错就错在把平台当成自己的能力，把机会当成自己的实力，把别人的恭维当成真心实意的赞美，被顺风顺水冲昏了头脑，便开始贪天之功，自我膨胀起来，真的以为团队离不开自己。殊不知这一切都是平台带来的流量，送来的机会。《财富》杂志前总编约翰·休伊（John Huey）曾说："全球500强CEO中的很多人都是我的好朋友，但只要我一离开《财富》杂志，他们可能就会立即扔掉我的电话号码。"这么说，可能让人有一种"人走茶凉"之嫌，但对于一个健康运转的组织来说，"人走茶凉"是正常规律。

真正的智者也会清醒地认识时代的价值，"风来了猪都会飞"，他们感谢时代为自己发展送来了东风，而不会把自己看成天生就善于飞翔的小鸟。1995年，巴菲特第一次来中国旅行。他后来回忆起乘船旅行时看到的拉纤的纤夫，认为自己并不比纤夫的水平高很多："那些纤夫中可能就有另一个比尔·盖茨，但是他出生在这儿，注定一辈子这样辛苦地拉船，没有出人头地的机会。我们有机会获得这样的财富成功，纯粹是运气。"

我们如何常怀感恩之心？有一些简单的方法很实用。例如，每天把那些值得感恩的事情记录下来（每天写下最少三件值得感恩的事），这些事情可大可小，从一顿美食到与一个好友畅谈，从日常工作任务到一个有意思的想法，都可以写下来。这不仅可以记录生命的历程，还可以每日三省吾身，让自己的身体更健康、内心更幸福。

洞悉心理资本理论，破解"越狱"密码

/ 心理资本是由美国管理学家弗雷德·卢桑斯提出的一个抽象理论，被称为企业除了财力、人力、社会三大资本之外的第四大资本。如果说这么复杂且重要的一个理论，我们用一部高分电影就能解释清楚，你相信吗？/

案例故事

说起高分电影，《肖申克的救赎》（The Shawshank Redemption）永远榜上有名。这部电影曾获得了第 67 届奥斯卡金像奖中包括最佳影片在内的七项提名，被称为经典电影中的经典、影视作品皇冠上的明珠。而且，它的豆瓣评分一直很高。

自 1994 年上映以来，这部没有动作、没有特技、没有大场景，甚至没有美女的监狱题材电影的魅力不减反增，热度不降反升，成为一个永不落幕的不朽神话，无法超越的天花板，陪伴无数人走过了生命中最难熬的日子。

有人说，它让绝望者看到希望，让无助者学会自信，让迷茫者变得坚韧，让悲观者开始乐观。每位观众都可以从中汲取不同的能量，即便多次观影，看完后也仍然可以给人温润的心灵感动，强大的灵魂震撼。

下面，我将借助美国管理学家弗雷德·卢桑斯（Fred Luthans）的心理资本理论，和大家一起破解电影中男主角越狱的心理密码。

万物之中，希望最美；最美之物，永不凋零

在这座关押重刑犯的肖申克监狱里，除了男主角安迪外，其他大多数囚犯都已失去了希望，事实上，他们也害怕拥有希望。瑞德曾语重心长地告诉安迪，希望是危险的东西，会让人发疯。希望无用，让他最好认命。

面对监狱里的高墙电网以及粗暴成性的狱警，大多数囚犯早已丧失了改变生活的勇气，彻底接受了命运的安排，不敢越雷池一步。这种心路历程，就像瑞德所说："监狱是个奇怪的地方。起先你恨它，然后习惯它，更久后你会离不开它。这就是体制化。"

最典型的人物就是老布。他在监狱里待了整整50年，比正常人一生的工作年限还要长。可就在被假释前，老布却挟持了狱友，企图制造一场犯罪。因为他不敢出去，也不想出去，他很害怕外面的世界，只想在监狱里度过此生。但是，他的计划没有得逞，最终他还是被放出了监狱。

50年天翻地覆，50年沧海桑田。在他入狱前，只看见过一辆汽车，汽车还像大熊猫一样稀有，而如今，汽车遍地都是，到处横冲直撞。面对这扑面而来的巨大变化，面对这忙成一团的现代世界，他没有享受到久违的自由的欣喜，也没有感受到现代文明带来的便利，反而感觉自己无所适从、格格不入，他辗转难眠，莫名恐惧。在孤独和紧张中，他最后选择了悬梁自尽，临终前留下了"老布到此一游"六个字。空荡荡的房子伴着凄美的音乐，画面让人十分伤感。

与老布他们不同，沉默寡言的安迪虽然深陷囹圄，但他内心永远充满着希望。他一直畅想着墙外的"星辰大海"：希望有一天，他将重获自由，他会在墨西哥南部的齐华坦尼荷小镇开一间小旅馆，买一艘旧船回来进行翻新，载着朋友出海钓鱼。

此时的瑞德是不信这些的，这在他看来完全是痴人说梦，甚至胡言乱语，连好朋友也劝他不要这么想，只会徒增烦恼。

然而，有些鸟儿是注定不会被关在牢笼里的，它们的每一片羽毛都闪耀着自由的光辉。安迪就像这样的鸟儿一样，他奋力抓住一切机会，把死寂沉沉的生活硬是撕出了一道裂缝，迎来了一缕灿烂的阳光。他曾对瑞德说："万物之中，希望最美。最美之物，永不凋零。"他不仅自己心怀希望，还尽力去点燃他人的希望之火，救赎了众人的心灵。

出狱后的瑞德也曾经历了与老布一样的不堪，整天活在担惊受怕的恐惧之中，一度想违反假释规定重返肖申克。但当他看到安迪留给他的信后，他重新燃起了希望，决定不再步老布后尘，从"忙着死"转向"忙着活"，迫不及待地踏上追求幸福自由的新旅程。

电影的最后，在美不胜收的太平洋海边，阳光沙滩，蓝天碧海，还有停泊在岸边的渔船，一切正与安迪在狱中所畅想的场景一样，两个患难之交的好朋友再次相聚在一起。

凭借一身本领赢得了尊重和自由，并最终成功越狱

身在高墙之内的安迪并没有自暴自弃，他始终自我效能在线，相信自己的能力，敢于抓住机会毛遂自荐，展示自己的专业才能，并采取和付出必要的行动去完成越狱这种挑战性任务。

影片中有这样一处十分扣人心弦的情节。一次，在修葺屋顶时，安迪听到狱警抱怨说虽然意外获得了富翁哥哥的遗赠，但需要缴纳一大笔税款。他从中发现了扭转局面的机会，果断地放下手里的工具，不顾狱友的劝阻，鬼使神差般地朝着狱警走去。

狱警回过头看到安迪，警惕地掏出了枪。狱友们紧张地看着眼前的一切，都为安迪捏一把汗。但安迪还是抓住了机会，无比镇静而自信地告诉狱警如何避税，并说自己可以帮他办，免除其聘请律师的费用，可以合理合法地省钱。

简单的话语，专业的方法，完美的解决方案！狱警看到安迪胸有成竹的样子，脸色渐渐由阴转晴。通过谈判，安迪为狱友们赢得了每人三瓶啤酒的福利。狱友们像在修自家屋顶一样，喝着最狠的狱警请的冰镇啤酒，享受了一次做自由人的快感。

从此，安迪开始利用自己的专业技能，一次次帮典狱长和狱警合理避税、投资理财，让他们体会到了财富增值的甜头。凭借这样稀缺而又重要的技能，他的能力很快得到了广泛的认可。他由"挨打专业户"逆袭为"先进标兵"，这为他赢得了住单身牢房、当图书管理员、有自己的独立办公室，甚至还配有助手等特殊待遇。同时，这也为他创造了相对自由的空间，也使他的越狱计划成了可能。

在那个相对自由的办公室中，安迪凭借惊人的毅力和专业的知识，在人身控制极为严格的监狱，仅靠一把小小的鹤嘴锄，神不知、鬼不觉地挖出了一条通往自由的小隧道。

终于在那个风雨交加、电闪雷鸣的夜晚，他利用雷声作掩护，悄悄砸开了污水管道，在肮脏不堪中匍匐前进，成功越狱，再次品味到了久违的人生甘甜。

这一幕令很多观众热泪盈眶。千辛万苦成功逃出监狱后，安迪在狂风暴雨之中做的第一件事就是脱下囚服、仰望星空、仰天长啸，将双手摊开，体验重获自由的幸福感觉。这看似简单的镜头中其实隐藏着幸福的密码，包含着科学的阐释，因为这样可以充分打开迷走神经，开启幸福的开关。

能从多深的地方跌倒，就能有多大的勇气重新爬起

美国五星上将巴顿将军曾说："衡量一个人成功的标志，不是看他登到顶峰的高度，而是看他跌到谷底的反弹力。"

如果用反弹力这项指标来衡量一个人的成功，安迪无疑是一个成功的人，一个真正的强者。面对逆境或困难，他坚持不懈，从不放弃，从哪里跌倒就从哪里爬起来，而且可以迅速恢复活力，展现出超乎常人的韧性。

要知道，安迪入狱前可不是一个普通的打工人，也不是一个游手好闲的社会混混。他原本是一家大型银行的副总裁，可谓风华正茂，前程似锦。然而，风云突变，这个意气风发、前景光明的银行家竟然被指控为杀害妻子的冷血杀手。尽管证据不足，可面对地上散落的子弹，沾满了他指纹的作案现场，他有口难辩，最终蒙冤入狱，被判终身监禁。

一夜之间，天壤之别。安迪的人生一下子塌了，从万人艳羡的成功人士成了一无所有的阶下囚，陷入了前所未有的困境。他这样文质彬彬、身材瘦弱的白富帅能受得了这种罪吗？不少观众会有这样的疑问，影片中也有这样一段细节描写。

囚犯们常玩一种竞猜游戏，他们常会猜测在新入狱的犯人中，谁会在当晚失声痛哭。瑞德看问题一向很准，很少押错人，他猜测一定是安迪，并且愿意拿10根香烟作为赌注。要知道，这个赌注是相当大的。香烟在监狱里可是硬通货，可以交换任意想购买的东西。

但瑞德这次完全看走了眼。面对漆黑的牢房，再加上原来的犯人调唆，大多数新犯会崩溃，甚至还有一个人哭爹喊娘，并因此被打个半死。而安迪却一声没吭，脸上甚至不曾有一丝阴郁绝望的表情，他坦然接受了一切。

入狱当晚是最难熬的，但以后的生活一点也不轻松。安迪从未有过类似的悲惨经历，他失去了人身自由，面临着遥遥无望的刑期，吃着难以下咽的劣质饭菜，就连大米饭里的虫子也被狱友们戏称为多日未见的肉菜。然而，安迪像什么事都没有发生一样，一如既往地认真做事，也只字不提是谁打了他，虽然狱友们早已心知肚明。

在瑞德的眼中，安迪冷静克制、闷声不响，脸上永远是风轻云淡的表情，"他简直是异类。他像在公园散步，无忧无虑，仿佛身披隐形衣"。

生活虐我千百遍，我待生活如初恋

安迪是一个乐观的人，仰望星空时，他看到的永远是闪耀的星星。面对生活中的挫折，他总是会将其看成暂时的；同时，他善于看到好的一面，坚信总有惊喜等在不远处，并不断地鼓励自己。

在影片中，为了让大家有一个学习的场所，安迪提出了一个大胆想法——修建图书馆。在狱友们看来，他在做一件完全不可能的事，只会徒劳无功。

作为资深囚犯，图书管理员老布似乎最有发言权，他语重心长地告诉安迪："我在这里经历了六位典狱长，学到了一条亘古不变的真理，那就是跟他们要钱是不可能的。"

果不其然，典狱长就像老布说的那样，随便找个理由就拒绝了。安迪没有灰心，写信向州参议院申请资金，而且是一周一封、接连不断地写，最后州参议院不胜其烦，终于答应了拨款。安迪开心地说："只写了六年信。"大家觉得不可思议的事情，安迪却轻松愉快搞定，他的乐观态度在此体现得一览无余。

不仅面对工作上的事情如此，就算遇到关乎自己身家性命的大事，安迪也能很快调适好自己的心情，积聚力量，继续前行。影片中有一个戏剧化的情节让人感到揪心。有一个名叫汤米的犯人，他无意中知道害死安迪妻子的真正凶手，并且愿意出庭作为证人帮助安迪洗刷罪名，这让安迪发现了重获新生的通道，看到了洗清罪名的曙光。

可很快，这束光就被自私的典狱长诺顿彻底掐灭了，因为安迪掌握他不法勾当的秘密。典狱长担心安迪出狱后可能泄露秘密，希望他一辈子都被关在这里，永远做他的洗钱工具。这个老奸巨猾、心狠手辣的典狱长竟然设圈套，命人将汤米射杀，彻底终结了安迪通过法律途径重获自由的希望。

命运和安迪开了一个天大的玩笑，狠狠地耍了他一把，又让狱友白白送命，而且他还被关了两个月的禁闭，这是狱友们从未听说过的最长时间的禁闭。可以说，世上没有比这更悲惨和绝望的事了。

然而，在暗无天日的关禁闭过程中，安迪顿悟了：他不再进行无谓的争取，变得更加努力地工作和生活。最终，他步步为营，成功越狱，典狱长也饮弹自尽。

理论依据

美国管理学家弗雷德·卢桑斯认为，心理资本是企业除了财力、人力、社会三大资本之外的第四大资本，它象征着一个人的内心住着一位强大、勇敢、智慧的英雄。心理资本有四个主要的核心内涵：希望（hope）、自我效能（efficacy）、韧性（resiliency）和乐观（optimism），这四个英文单词的首字母组合就是 HERO。

希望：梦想不灭，绝不放弃

希望指的是在面对目标时的意志和途径，也就是说你是否愿意花数小时，甚至数月坚持不懈，直到完成决心要做到的事情。心怀希望主要表现为以下几点。

- "身在黑暗，心怀光明。"即使在至暗时刻，坚信一直向着光奔跑，总会有那一束光透进来，照亮新的征程。
- 犹如心灵中的甘泉，滋养着人生。一个人最好的状态莫过于眼里写满了故事，脸上却看不见风霜，心中永远洋溢着阳光。

- "飘风不终朝，骤雨不终日"。心怀希望的人在面临种种困难时，始终相信终有一天会变好，而且会越来越好，因此绝不轻易言败。
- 坚持既定目标，必要时满怀希望地重新确定迈向目标的路径，以获得成功。山再高，往上攀，总能登顶；路再长，走下去，总能到达。
- 领导者是强大心力的代表，尤其是在应对风高浪急的变化时，要做到处变不惊、行稳致远，让团队看到希望，并且像灯塔一样引领团队走出困境。

自我效能：相信自己，追求理想

自我效能是你对成功的信心，即你是否相信自己，是否相信自己拥有那些能够让你成功的东西。这是自我认知的重要环节，也是实现自我管理的重要途径。自我效能强的人主要有以下特点。

- 自信，认为自己能够面对一切，敢于把自己的内在世界展示出来，并采取和付出必要的行动，努力完成具有挑战性的任务。
- 自信是一种精神动力，可以不断地自我激励，不用扬鞭自奋蹄。
- 相信自己为公司、组织和团队制定的发展目标和措施，相信自己的能力。人只有在真心相信的时候，才可以求得结果，最大限度地接近理想。

韧性：跌到多深的谷底就能爬到多高的山峰

韧性对于那些总是面对高难度挑战的人来说极为重要。在积极心理学的视角里，韧性不再是少数幸运者的特权，而是一种属于普通人的日常生活魔力。同时，韧性还是一种可开发的能力，它能使人从逆境、冲突和失败中快速恢复过来。有韧性的人主要有以下特点。

- 没有过不去的火焰山。当遭遇逆境或困难时能坚持不懈，从哪里跌倒就从哪里爬起来，而且可以迅速恢复活力甚至超越以往，愈挫愈勇。
- 战胜困难之前先战胜自己。无论当前的经历多么不堪，放在人生的历史长河中都不过是简短的一个章节，甚至趣事一桩。
- 拿得起、放得下。"得意忘形"是不折不扣的贬义词，但比它更可怕的是失意忘形，习得性无助。

乐观：不管风吹浪打，胜似闲庭信步

乐观代表一种从自律、剖析过去、权变计划与未雨绸缪中获得经验的现实能力，不应该只是一种自我陶醉或者不切实际的自我膨胀。乐观的人主要有以下特点。

- 采用独特的解释事物的风格，对现实和将来的成功做积极归因，会将成功归因为自己的人格特质，所以成功是永久的。而且，乐观的人会因此认为自己各方面都很棒。
- 面对失败，乐观的人会把面临的挫折看成暂时的，是别人行为的结果，不归咎于自己；同时，善于看到好的一面，坚信总有惊喜等在不远处，不断鼓励自己。
- 乐观是一种精神策略，能帮助人调剂自己的心情，将失败的阴霾驱散。把失败和成功同样看作人生常态，不要把每次的具体结果看得过重。
- 乐观会使人坦然接受现实，享受人生的各种时光。乐观和悲观都是一种生活态度，完全取决于我们对于信息的解读，而不是信息本身如何。

启智增慧

人们最初以为《肖申克的救赎》这部电影是单纯讲述监狱高墙内那些事的故

事片，后来才发现它是一部揭示人性的励志片。不仅高墙之内是监狱，任何一个你不喜欢又离不开的地方，都是监狱；任何一种你不喜欢又摆脱不了的生活，也都是监狱。

当遇到单调、痛苦和不自由的生活"监狱"时，你会怎么办？

1. 弱者自困，多数人会在不知不觉中成为"体制化"的老布。"起先你恨它，然后习惯它，更久后，你离不开它"。开始他们也会有些抗争，但时间久了便会渐渐麻木、放弃努力，这其实就是在精神上画地为牢，给自己加上了心理上的枷锁。

2. 强者自救，少数人会选择做安迪。"有些鸟儿注定不会被关在牢笼里，它们的每一片羽毛都闪耀着自由的光辉"。他们会积蓄力量准备突围，寻找一片独属于自己的天空。

当然，成为安迪不是那么简单的事，意味着日复一日的辛苦劳作，悄悄积攒丰富的知识，克制自己的欲望，穿过臭气熏天的下水管道，冒险到未知区域探索，以及失败后可能会粉身碎骨。尤其是近三年，我们大多数人可能比以往更加艰难。但这些困难与安迪的困难相比，可能不值一提。

借用电影中那句经典的台词："跑了这么远，再坚持一下吧！"我们坚信，在人生前方不远处，一定会有风景秀美的阳光海滩、美味可口的大餐，以及无话不谈的知心朋友在等着你！希望大家早日拥有强大的心理资本，永葆希望、自信、韧性、乐观，奔向幸福自由的人生，做一个真正的HERO。

没有危机才是最大的危机

/ 山东省德州市庆云县有一个见怪不怪的现象：土地越差的农民往往更富裕，

土地越肥沃的农民反而更差一些,在社会转型时期尤为明显。事实上,这种"土地质量与农民富裕负相关"现象不是个案,甚至还具有一定的普遍性。这背后的深层次原因是什么呢?/

案例故事

山东省德州市庆云县南北两部分之间有个明显的分水岭,南部的耕地质量好,土壤肥沃;北部的耕地质量差,是盐碱地。在 20 世纪 80 年代及以前,那里的人们基本上以农业为主,靠天靠地吃饭,南部地区收成高,可以"躺赢",生活明显富足安逸。这就导致南部地区的姑娘都不愿往北部地区嫁,北部地区的姑娘都愿意向南飞。

后来,随着国家改革开放的逐步深入,危机意识本来就强的北部地区的农民们发现了城市发展的一些商机后主动转型,他们相继放弃了以土地为营生的想法,大批走出去,到城市里做些收废品、卖小商品的生意。这样,一带十,十带百,他们相继在生意上站稳了脚跟,实现了弯道超车,富裕水平赶超了南部地区的农民。

后来我还发现,土地质量与农民富裕水平呈负相关的现象真不是个案,甚至还具有一定的普遍性:土地质量越差的农民往往更富裕,土地质量越好的农民反而差一些,这种现象尤其在社会转型时期更为明显。

理论依据

我国的汉字文化博大精深,我们往往可以从一个字里解读出很多意义。"赢"字就是这样。

一个人要想赢，就需要具备五个基本条件：第一个条件是要有风险意识（"亡"），其余几个条件依次是交流沟通的能力（"口"）、正确的时间观（"月"）、一定的财富（"贝"）和一颗平凡心（"凡"）。

启智增慧

"国虽大，好战必亡；天下虽平，忘战必危"。我们现在虽然生活在和平年代，但风险却无处不在、无时不有，既有难以避免的灰犀牛，还有防不胜防的黑天鹅。明天和意外，我们永远不知道哪个会先来。

我们能做的就是要居安思危，增强忧患意识，善于运用底线思维的方法，把形势想得更复杂一点，把挑战看得更严峻一些，凡事从坏处准备，在阳光灿烂的日子提前修好屋顶，等待雨天来临。这是一种积极的心态，可以让我们保持头脑清醒，走得更远。没伞的人比有伞的人更具忧患意识，会主动做好应对最坏局面的思想准备，在大雨来临之前更快地跑到可以避雨的地方。

即使如日中天，也要当心太阳落山。华为的规模效益比BAT三家的总和还大，然而任正非思考最多的问题却是华为的红旗到底能打多久。他说："10年来，我天天思考的都是失败。我对成功视而不见，也没有什么荣誉感、自豪感，只有危机感。也许这样，华为才存活了10年。我们大家要一起来想怎样才能活下去，也许才能存活得久一些。失败这一天一定会到来，大家要准备迎接，这是我从不动摇的看法，这是历史规律……现在是春天，但冬天已经不远了，我们在春天与夏天要念着冬天的问题。我们可否抽一些时间研讨一下如何迎接危机。"

2016年5月30日，任正非在全国科技创新大会上的发言没有吹嘘那些亮眼的成绩，而是重点谈了自己的焦虑和对未来的思考。他说："华为现在的水平尚停留在工程数学、物理算法等工程科学的创新层面，尚未真正进入基础理论研究。

随着逐步逼近香农定理、摩尔定律的极限，面对大流量、低延时的理论还未创造出来，华为已感到前途茫茫，找不到方向。"

没有忧患意识是最大的忧患。一个没有忧患意识的人是没有前途的，一个没有忧患意识的组织是没有希望的，一个没有忧患意识的公司是可悲的，一个没有忧患意识的国家是不堪一击的，哪怕它看起来实力雄厚，其实是外强中干。

宋朝是我国古代历史上经济、文化教育与科学创新高度繁荣的时代。其中，北宋咸平三年（公元 1000 年），我国 GDP 为 265.5 亿美元，占世界经济总量的 22.7%；2022 年，我国 GDP 达到 18 万亿美元，占世界经济总量的 17.82%。这一数据比北宋时期低 4.88 个百分点。

虽然北宋时期经济领先、商业繁荣，有富宋之称，但忧患意识不强，实行文人治国，国防实力薄弱，所以当面对外敌入侵时，无法捍卫发展的成果。"前事不忘，后事之师"，我们一定要有忧患意识。

底线比目标更重要

/ 明底线、守底线，不可以做的事情坚决不碰，是修身正德、干事创业的必修课，也是生存发展的大智慧。底线比目标更重要，比业绩更关键。/

案例故事

一次，当我和一位朋友聊天时，他说起自己最近两年像坐过山车一样，经历了有生以来最大的一次起伏。但是，悲中有喜的是，他一直坚持底线思维，走正道、干正事，有幸逃过一劫，免受了一场牢狱之灾。"不然，我现在连个鸡腿也吃不上了。"他自我调侃道。

大喜的是，他作为一家生物医药公司的发起人之一，推动了这家公司从无到有、从小到大——顺利完成了股改，发布了招股说明书，并即将完成IPO，迎来敲钟的高光时刻。万事俱备，只欠东风。公司已经安排好了上市的详细日程，甚至去证券交易所敲钟的机票和宾馆都预订完毕，他也准备好了当天要穿的西装。

作为高管之一，他拥有5%左右的股权。按照当时的市场估价，公司一旦上市，他的身价至少也会上亿元，可以实现财富自由。然而，就在他畅想美好未来的时刻，风云突变，戏剧性的一幕发生了：公安机关突然介入，并以公司涉嫌虚假宣传和财务造假为由，下达了立案调查通知书。

很快，所有进程被停止，公司被终止IPO，一切戛然而止，他的财富之梦破灭了！然而，这仅仅是个开始，更困难的还在后面，他作为销售总监，不得不配合公安机关开展案件调查，这一调查就是一年半的时间。

公安机关的调查自然不是空穴来风，他们已经掌握了一些证据。不久，一些工作人员相继被传唤。事实清楚、证据确凿，连收受商业贿赂的银行转账明细都是白纸黑字。很多人无可抵赖，相继被绳之以法，锒铛入狱。

让他寝不安席、食不甘味的是，这其中有两位员工就是他的直接下属，他作为上级领导，自然难辞其咎，负有不可推卸的责任。他小心翼翼地配合着案件调查，尽心尽力地争取办案人员的理解认可。

幸运的是，他这些年一直坚持正直和正义，洁身自好，做到了不该拿的钱坚决不拿，不该得的利益坚决不碰。这令他免受了一场牢狱之灾。

但这种坚持也曾让他错失了一些发展机会，损失了好几笔大订单，也让他在公司里一度陷于被边缘化的窘境。有些同事借机向董事长打小报告，说他胆小怕事、过于谨慎、魄力不够，影响了公司业务的快速发展。面对这些困难和非议，他也曾经有过激烈的思想斗争，但他还是咬牙坚持了下来，没有动摇自己做人的底线和原则。

树立底线思维，说起来容易，但做起来却相当困难。这让我想起电影《闻香识女人》(Scent of a Woman)中的那句经典台词："如今我走到人生十字路口，我总是知道哪条路是对的，毫无例外，我总知道，但我从不走，为什么？因为太难了。"

理论依据

底线思维是一种思维技巧，拥有这种技巧的思想者会认真计算风险，估算可能出现的最坏情况，并且接受这种情况。这意味着我们要收集尽可能多的信息，并对可能出现的最糟糕的情况做出实事求是的评价。

你可以独自一个人坐着，不要分散注意力，记录下你所给出的结论可能导致的所有后果，然后在你最担心的那个后果上画个红圈。单独拿出一张纸，用大号黑体字把你所担心的结果再次写下来。认真地思考，想象最坏的结果已经发生。如果你能接受这一结果，那么你也就能轻易地做出决定；如果你无法接受结果，问问自己为什么不能。

启智增慧

我们在做事前首先要确定的是自己不能做什么，底线在哪里。底线是基础，是根本，是事物质变的分界线，是做人做事的警戒线、高压线，不可踩，更不可越。

我们常说，做企业以利润为核心，商人以逐利为目的，这无可厚非，但有责任感的企业是有禁区的，有良心的商人也是有底线的，有所为有所不为。

巴菲特曾说："假设你递给我一把枪，里面有 1000 个弹仓、100 万个弹仓，其中只有一个弹仓里有一颗子弹，你说'把枪对准你的太阳穴，扣一下扳机，你要多少钱'？我不干。你给我多少钱，我都不干。"

明底线、守底线，不可以做的事情坚决不碰是修身正德、干事创业的必修课，这是生存发展的大智慧。否则，"常在河边走，早晚会湿鞋"，甚至一败涂地，全盘皆输。底线比目标更重要，比业绩更关键。

稻盛和夫有个著名的人生方程式：人生·工作的结果＝思维方式 × 热情 × 能力。热情和能力很重要，思维方式更重要，因为它具有方向性。没有底线思维，方向错了，思维方式跑偏了，哪怕你才高八斗，哪怕你热情洋溢，结果也是"抱着金饭碗没饭吃"，而且难免加害于社会。

重新定义延迟满足，重新认识心性之美

/ 面对外界的诱惑，心中有目标的人能够不争一时之短，但争一世之长；不争一时小利，但争长远大利。这会让他们集中注意力，延迟满足，在正确的时间出现在正确的地点，做出正确的选择。/

案例故事

前两天，我听一家股票型基金的基金经理做理财投资专题分享。可以说，他

讲得很有专业水平，很幽默风趣，也很接地气，博得了观众的好感与共鸣。分享结束后一群听众围着基金销售人员，意向客户若干，当场签约订单上百万元。

令我印象很深的是，他在分享过程中专门与台下的听众进行的一次互动。他说："在座诸位有过成功戒烟、戒酒经历的人有多少？请举一下手。"听众有些懵，一时不知这位经理葫芦里卖的是什么药，便迟疑着举了手。

他环顾了一下会场，简单清点了一下人数，然后解释道："烟酒都可以给人们带来即时快乐。而可以成功戒掉它们的人，往往意志力强，可以做到延迟满足，这样的人进行股票投资更容易赚到钱。"

这让我想起《穷查理宝典：查理·芒格智慧箴言录》（*Poor Richard's Almanack*）一书中提到的"祖母的规矩"，即要求孩子们在吃饭的时候要先吃完胡萝卜才能吃甜点。查理·芒格把这条规矩作为自己投资的一种策略，总结出一条投资的黄金法则。

无独有偶，以下是我身边的一个故事，分享给大家。

一天，我与一个朋友闲聊时，她说起了小时候一件特别难忘的事。

她说："我小时候，有次爸爸从上海出差回来，带了一份特别的礼物——说特别也不特别，其实就是一块蛋糕，但是在那个年代，蛋糕绝对是稀罕物件，所以我和姐姐格外珍惜。姐姐带着我，上看下看看，看得花儿都谢了；左闻闻右闻闻，闻得蛋糕都有点变味了，也舍不得把蛋糕吃掉。"

听着她绘声绘色的描述，我情不自禁地将自己带入了那个诱人的场景，想象着在那个物质缺乏的年代，蛋糕对未成年的孩子来说是多大的诱惑。然而姐姐带着妹妹硬是抵御住了这种诱惑，这两个孩子得需要多大的意志力！

于是我大胆地推测道："你姐姐应该挺厉害，现在家庭事业发展得不错吧？"

她疑惑地问："你怎么知道呢？我姐姐现在的确发展得不错，有几处房产，基本实现了财务自由。夫妻恩爱，家庭幸福，而且教子有方，孩子985名校毕业，前景也很被看好。"

我颇有些得意地解释道："我不是蒙的，也不是瞎猜的，而是有理论依据的。理论让我自信。喜欢延迟满足的姐姐往往更能乘风破浪。"

理论依据

延迟满足是指一种甘愿为了更大、更有价值的长远利益而放弃目前较小的即时满足，以及在等待期中展示的抉择取向和自我控制能力。它的发展是个体完成各种任务、协调人际关系、成功适应自然的必要条件。

20世纪60年代，斯坦福大学心理学教授沃尔特·米歇尔（Walter Mischel）针对一家幼儿园的数十名儿童设计了一个著名的关于延迟满足的实验。结果表明，那些能够延迟满足的孩子的自我控制能力更强，他们能够在没有外界监督的情况下适当地控制、调节自己的行为，抑制冲动，抵制诱惑，坚持不懈地达成目标。

启智增慧

弗洛伊德说过，追求快乐而逃避痛苦是人的一种本能。有些人放纵自己，沉迷于网络游戏的快乐，沉醉于灯红酒绿的快乐，当这些欲望得到满足的时候，他们也获得了短暂的快感，却很难获得持续的幸福。这种快乐很快便会被空虚和寂寞所替代，甚至"抽刀断水水更流，举杯消愁愁更愁"。

人之所以成为人，就在于人不只是依赖于本能而活着，人更具有丰富深刻的情感，可以不陶醉于今朝有酒今朝醉，不沉迷于简单的满足、一时的快乐，而可以拥有丰富真实的生活，追求更有意义的幸福与快乐。

沃尔特·米歇尔教授的延迟满足实验虽然是针对幼儿园的孩子进行的，但成人的世界和孩子的世界并没有太大的区别，只是面对的诱惑不同而已。能够抵制眼前诱惑，做长远谋划的人往往更幸福。

别小看延迟满足，这是一种很可贵的优秀品质。查理·芒格曾说："我小时候就是个懂得延迟满足的孩子。很多东西真是天生的，但也不是完全学不来，后天培养也有一定作用。延迟满足对我的人生帮助很大。"

朱元璋当年平定天下时有个九字方针，即"广积粮，高筑墙，缓称王"，至今仍然具有重要的现实指导意义。这九字方针特别受任正非推崇，被列为华为的整体经营哲学。

无论是历史还是现实，无论是工作还是生活，无论是企业还是国家，事实一再证明，喜欢延迟满足的人比及时行乐的人生活更富足，事业更有成，感觉更幸福。

CHAPTER 04

投入：
享受工作的福流

爱是直达另一个人内心深处的唯一途径

/ 最爱吃的面是妈妈做的手擀面。妈妈做的手擀面之所以好吃可口，是因为妈妈将爱倾注到食物里。如果母亲心中无爱，话说得冠冕堂皇，她内心深处的冰冷还是会不经意间流露出来，给人一种不舒服的感觉。因为爱是装不出来的，是表演不出来的，也不是朋友圈能秀出来的。/

案例故事

电影《秋天奏鸣曲》讲述了夏洛特和她的女儿伊娃因为长期缺乏爱和情感交流而产生严重矛盾冲突的悲情故事。

夏洛特是一位才华横溢的钢琴家，虽年过半百，但依然风采照人，身姿绰约。她的档期很满，满世界演出。但是，这位成功的女性却有一个不幸的家庭：平庸自卑的大女儿伊娃，严重残疾的二女儿丽娜，以及因感情不和而离异的丈夫。

在优雅美丽的夏洛特面前，女儿伊娃从小就是卑微丑陋的。她总是在母亲练琴休息的间歇悄悄溜进琴房找她，夏洛特虽然嘴上说着"我爱你"，心思却在别处。年幼却心思细腻的伊娃将这一切看得清清楚楚，感受得明明白白，体会得真真切切。因为"如果我说话，你很少回答"。

在这个富足的艺术之家，伊娃得不到快乐和爱，她只能选择逃离，这一走就是七年。得到母亲的第二任丈夫病逝的消息后，伊娃便写信邀请母亲来自己家里散心。母女俩久别重逢，喜极而泣。

在夏洛特的提议下，伊娃忐忑不安地演奏了肖邦的《a小调第二前奏曲》，希望能得到母亲的肯定。然而，夏洛特以一种习惯性的方式答复道："我喜欢你。"这让伊娃感到云里雾里，因为她打心眼里认为母亲的话是靠不住的。

在伊娃的再三追问下，夏洛特冷冰冰地评价道："不算太糟糕。肖邦是感情充沛而非多愁善感的，他表达的是痛苦，而不是妄想。"然后，她示范了"标准答案"。

伊娃感到既崇拜又绝望，崇拜的是母亲那无法企及的艺术水准，她感觉世界上再没有比母亲更优秀的演奏家了；绝望的是，当她一如既往地得到母亲的批评和羞辱时，她感受到的是秋风萧瑟般的冰冷。

影片的矛盾冲突在夏洛特的一次午夜噩梦后达到了高潮，伊娃也酒后吐真言，借着酒醉诉说自己多年来遭遇的种种不堪，说到动情处气得浑身发抖。她责怪母亲善于表演、口是心非，生气的时候会微笑，恨爸爸的时候会叫他"我最亲爱的"，厌烦女儿的时候会说"亲爱的小女孩"。她告诉母亲自己小时候是多么渴望怀抱，为了得到母亲的爱，终日学习做一个听话乖巧的孩子，说母亲想听的话、模仿母亲的手势。她告诉母亲："有件事我是明白的，真实的我丝毫不会被爱或被接受。"她责怪母亲为了自己心爱的演艺事业，终日在外演出，抛弃家庭。每次母亲出差，她都经历快要窒息的痛苦，感到再也不会快乐了。母亲即便回到了家，也总是以爱和关心为幌子来折磨她，让她吃不消，想逃都逃不掉，有时候她甚至不知道到底是期望母亲回来，还是期望她不回来。

那些爱恨交织的情感，终于在秋日的夜晚化为控诉，她带着哭腔质问："女儿的不幸就是母亲的胜利吗？妈妈，我的悲痛就是你暗地里的快乐吗？"

殊不知，这位母亲也在痛苦中挣扎：夏洛特像孩子一样无助，常年练琴引起的背痛使她只能躺在地板上回应女儿。她说："我对任何和爱相关的东西都很无知，温柔、接触、亲昵、温暖……我只能在音乐中抒发自己的情感。"

争吵的第二天一早，夏洛特就匆匆踏上火车离开了。面对女儿的陈年旧恨，她坐立不安、度日如年、身心俱疲、落荒而逃。

秋日即将走到尽头，寒冷如巨幕般笼罩。这对母女的关系没能在诉说中得到缓和，反而走入无望的冬夜，留给观影人的是无限思考。

理论依据

美国心理学家哈里·哈洛（Harry Harlow）及其同事曾做过一项著名的恒河猴实验，实验人员将刚出生的小猴子与猴妈妈和同类隔离开，并用两只假猴子代替真的猴妈妈。两位"猴妈妈"外形相同，身体里都塞了一个提供温暖的灯泡。不同的是，一位妈妈是用冷冰金属丝网制成的、身上挂着奶瓶的"铁丝妈妈"；另一位则是由软绒布和海绵包裹着木头制作的"绒布妈妈"。简单地说，一位是柔软、抱着舒服的妈妈，另一位是有耐心、24小时都能提供奶水的妈妈。

刚开始，小猴子喜欢"铁丝妈妈"，因为可以随时喝到奶水。但没过几天，情况就发生了变化，小猴子只会在饥饿的时候才到"铁丝妈妈"那喝几口奶，其余大部分时间都与"绒布妈妈"待在一起。似乎"绒布妈妈"会带给它更多的安全感。

对幼年的孩子而言，他们对母亲的爱抚、接触和关怀的心理需求远远超过了对吃奶的生理需求。所以，在孩子出生的最初几年，父母最应该给予他们的是无条件的爱，让孩子发自内心相信"爸爸妈妈永远爱我、需要我"。

研究结果显示，孩提时代得到母爱关怀的人比那些没有母爱关怀的人，平均每年多赚 8.7 万美元；孩提时代与母亲关系差的人，年老后更有可能患上阿尔茨海默病；在职业生涯后期，一个人在儿童时代和母亲的关系，与他们的工作效率正相关；童年受到父爱关怀的人，成年后的焦虑较少。

启智增慧

《教子语》中说："人生至乐，无如读书；至要，无如教子。"世上最重要的事就是教育子女，没有之一。在事业上取得再大的成功，也弥补不了教育子女失败带来的缺憾。

在电影《秋天奏鸣曲》中，女主夏洛特就是这样一个悲情人物，虽然她在钢琴演奏方面取得了巨大的成功，但因长期缺乏爱和情感交流，母女之间的严重隔阂让她痛苦不已。

人类的生命不能以时间长短来衡量，当我们心中充满爱时，刹那即为永恒，才能给他人以温暖和力量。心理学家维克多·弗兰克尔（Viktor Frankl）在其《活出生命的意义》(*Man's Search for Meaning*) 一书中指出："爱，是直达另一个人内心深处的唯一途径。"

我们经常说最爱吃的面是妈妈做的手擀面。妈妈做的手擀面之所以好吃，是因为食物里满满的都是妈妈的爱。如果妈妈心中无爱，即使话说得冠冕堂皇，她内心深处的冰冷也还是会在不经意间流露出来，给人一种不舒服的感觉。因为爱不是装出来的，不是表演出来的，也不是秀出来的。

高质量的陪伴是最长情的告白。不论工作多忙，我们都要抽空多陪伴孩子，而且要放下长在手上的手机，放下喜爱的游戏，用心去陪伴，这是其他任何方式都无法替代或弥补的。陪伴孩子成长的机会失不再来。通常，孩子十几岁时会逐渐形成隐私意识，希望有相对独立、不被打扰的空间，想陪伴也变得多余。

研究显示，父母如果愿意离开工作岗位陪伴新生儿，那么这对整个家庭都是好事。谷歌、苹果等成熟的科技公司都有对新手父母很友善的政策。扎克伯格在他的第二个孩子诞生后，立马请了一个月的陪产假。他表示，Facebook 公司的员工可以申请四个月的带薪产假、陪产假和育婴假。

不论在职场还是在家庭，有且只能通过爱，才可以帮助对方认识到自己的潜质，从而实现全部潜能。没有爱的教育是苍白无力的；没有爱的管理是空洞乏味的；没有爱的领导是一厢情愿的。

在电视连续剧《亮剑》中，革命军人李云龙原是一位农民，脾气大，三句话离不开脏字，他的部下免不了受到他的训斥。但就是这样一位领导，他的部下却对他唯命是从、死心塌地，为了他，甚至连命都可以不要。这是因为李云龙有情、有义、有爱，真心体恤部下的冷暖，毫不吝惜分享作战成果，任何时候绝不抛弃任何一位战友，甚至不惜自己背处分，也要为被土匪杀害的士兵报仇，能够让大家真真切切地体会到"打是亲，骂是爱"。

专心致志的状态最迷人

/哈佛大学的一项研究表明，女性看男性有两个瞬间最迷人，其中一个就是全身心做事情，眉头紧锁、伏案深思的律师，紧盯仪表空情、沉着冷静的飞行员，都很吸引女性的目光。因为思想，所以迷人；因为迷人，所以吸引。/

案例故事

美国电影《廊桥遗梦》(*The Bridge of Madison County*)讲述的是女主人公弗朗西斯卡在家人外出的四天时间里遇到了男主角罗伯特,两人发生的短暂而浪漫的故事。

在这部影片中,有很多温馨的细节、灵魂的碰撞、浪漫的情调、爱情的欢乐,以至于最终灵魂追随、生死相依。其中,有两个细腻深情的经典情节对女主角感情迅速升温起到了推动作用。

第一个情节是男主角全身心地投入工作。他迷了路,向女主角打听曼迪逊桥的位置,女主角上车亲自带他到了桥边。一路上,他们谈笑风生,非常开心和投机。可以说,他们的"三观"完美匹配,两人互生情愫,相见恨晚。但男主角作为《国家地理》(*National Geographic*)杂志的摄影师,并没有忘记自己的工作,而是专心致志地投入摄影工作。不论是第一天的考察地形,还是第二天的实际拍摄,他都非常专业、专注和专心,他对造型、角度和光线等都很有研究,拍了又拍,直到满意为止。

次日,正赶上艳阳高照的大热天,女主角在桥下阴凉处仍酷暑难耐,男主角更是热得大汗淋漓。女主角偷偷从桥上观察在桥下拍照的男主角,心里泛起了涟漪,脸上的表情也有了微妙变化,这也为两人感情的升华做了铺垫。可以推断,在女主角眼里,投入工作、享受摄影的男主角在那时那刻是特别迷人的。

第二个情节是男主角拍完照片后送女主角回家,两人都意犹未尽。女主角邀请男主角去她家里喝杯茶,男主角欣然应约。到了晚上,女主角做饭,男主角主动提出帮忙,他非常娴熟地削胡萝卜,这让女主角一惊。男主角在厨房里漂亮地露了一手,之后两人边吃边聊,随心所欲地讲故事、谈人生、侃理想,交流诗与远方,欢声笑语洋溢着餐厅的每一个角落。晚餐后,他们情不自禁地在轻柔优美的音乐声中相拥共舞,用电影中的经典台词说就是,"这样确切的爱,一生只有一次"。

这个情节与女主角家人就餐形成鲜明的反差：在家人还在睡梦中时，女主角独自一人准备早餐，菜端上桌后，她招呼家人一起吃饭，连丈夫需要的调料都要替他从冰箱取出放在他面前。女主角是个地道的贤妻良母，一年365天操持着四口之家的饮食起居。进餐时，大家各自吃饭，静默无言。

理论依据

哈佛大学的一项研究表明，女性看男性，两个瞬间最迷人：做饭和全身心做事情。眉头紧锁、伏案深思的律师，紧盯仪表空情、沉着冷静的飞行员，深谋精算、步步为营的商人都散发着一种强者的气质。因为思想，所以迷人；因为迷人，所以吸引。

哈佛大学还进行了另外一项研究。研究人员对2250人进行了数据采集，发现人们在46.9%的清醒时间中，心思并不在所进行的事情上，而在处理过度思维的"背景噪声"上。人类所特有的"背景噪声"导致人们长期处于慢性唤起的兴奋状态，进而出现失眠、神经衰弱、焦虑等亚健康症状。人在走神时比专心于当下更加不快乐。无论你现在做的事情有多让你不开心，只要你走神，你就会变得更不开心。即使你是为了逃避当下而去想其他更快乐的事情，这样的"神游"也不会让你更快乐。

为了解释是不快乐导致走神还是走神导致不快乐，研究人员对比了"现在走神"和"后面不快乐"以及"现在不快乐"和"后面走神"这两组关系，以比较走神和不快乐之间的因果关系。最后他们得出结论："现在走神"和"后面不快乐"之间有较强的联系，而"现在不快乐"和"后面走神"之间则没有明显的关系。这说明更有可能是走神导致了不快乐。

启智增慧

专心致志的人在别人眼中是最迷人的，他们能让自己更快乐，而且比走神时更快乐。这种快乐并不是自我感觉良好，而是有科学的理论基础。

因此，不论是从提升自己魅力指数的角度，还是从自我感觉舒服的角度，我们都应该找到一件真正热爱的事情，投身其中，这样很容易获得一种超然舒缓的喜悦感，这也是实现人生幸福的源泉和基础。当然，这件事情不一定是你的本职工作，可以完全出于自己的兴趣，而不在乎报酬、奖励、评价等。

然而遗憾的是，分心走神是我们日常工作生活的常态。著名社会心理学教授丹尼尔·吉尔伯特（Daniel Gilbert）的一项研究报告表明，人们无论在做什么事情时都会分心走神，其中70%的人会在梳妆打扮时走神，50%的人会在工作时走神，40%的人在锻炼时会走神，平均"走神率"高达46.9%。几乎所有的日常活动中都有超过30%的人会走神。这些来自日常生活的真实数据远远高于实验室条件下测得的数据。

要实现专心致志，避免分心走神，最好是找一件难易适中的事情来做，让自己处于良性压力状态。耶克斯 – 多德森定律（Yerkes-Dodson Law）反映了压力与效率之间的关系。我们在空闲状态几乎无法分泌出应激荷尔蒙，效率因此受到影响；而如果我们获得更多的激励，良性压力会促使我们进入最佳状态，可以精力充沛地完成当前任务，并感受到喜悦和幸福。如果任务难度过大，我们承受的压力太大，我们可能就会筋疲力尽，此时应激荷尔蒙水平升高，我们可能会进入失控状态，认知能力降低，最终影响效率。

85%规则很有趣。当你训练一个东西的时候，你给它的内容中应该有大约85%是它熟悉的，有大约15%是令它感到意外的，这就是85%规则。研究者将这大约15%称为最佳意外率，这个数值就是工作学习的"甜蜜点"。

电脑游戏的设计者运用最佳意外率来增强游戏的好玩性。有 15% 左右犯错率的游戏是最好玩的游戏。如果在这个游戏的关卡中，玩家一点都不会犯错，很轻松地过关，那么玩家一定会感到无聊；如果让玩家频频犯错，他们也玩不下去。

适度忙碌比闲着无事更幸福

/ 最幸福的人并不是那些没有压力的人；相反，是那些有压力，但把压力看作朋友的人。这样的压力是生活的动力，也让我们的生活更有意义。/

案例故事

有一首打油诗，描述一份"好工作"应当是这样的：钱多事少离家近，位高权重责任轻，睡觉睡到自然醒，数钱数到手抽筋。

这样不劳而获甚至不劳多获的现象不符合市场价值规律，在现实生活中肯定是极小概率事件。可是，万一有一天，天上掉馅饼，你真的获得了这样的工作，就一定会幸福吗？

我的一位朋友在一家企业工作，待遇和福利都非常好：住处与办公室前后院，步行也就五分钟的路程，不用挤公交、赶地铁，没有通勤奔波之苦；工作大部分都外包出去，什么活都不用自己动手，每天动动嘴就好了……可以说，这是一个活生生的"躺赢"案例。但他感觉并不幸福，甚至有些郁闷乏味、度日如年，所以他萌发了辞职创业的念头。他抱怨说："这份工作太简单，太无趣乏味，太没有技术含量了，我感觉无法实现自己的价值。"

看到这里，你可能会说，这位朋友有点"凡尔赛"，他可能只是随口说说罢了。但是，他是认真的，没多久，他真的辞职创业了。他在社交媒体上这样写道："在几次彻夜难眠之后，我做出了自己的选择。我不愿继续安逸和舒适，过那种一眼就能看到退休的生活，而是选择挑战，去追求属于自己的诗与远方。"

理论依据

心理学家曾做过这样一个实验：付费给一些大学生，对他们的要求就是什么也不能做。也就是说，学生们被禁止做任何工作，但基本需要被满足。4~8个小时后，这些大学生开始感到沮丧，尽管参与研究的收入非常可观，但他们宁可放弃参与实验，而选择那些压力大、收入也没有这么多的工作。

为什么不干活反而感觉不爽呢？心理学家米哈里·契克森米哈赖通过调查发现：工作时获得福流体验的可能性（54%）远高于在休闲时获得福流体验的可能性（18%）。他说："人类最好的时刻通常是在追求某一目标的过程中，把自身实力发挥到淋漓尽致之时。"

启智增慧

辛勤的蜜蜂永远没有悲哀的时间。人只有忙碌起来，才能感受到生活的充实和快乐，感悟生命的意义和价值。

我和一位朋友曾经探讨过这样一个问题：如果只有以下两个选项，而且必须选择其中的一项，你会选择哪一个？

- A. 整天工作，永不休息。

- B. 整天休息，永不工作。

我们的结论是，虽然是同一道题，但年龄变了，答案也会变。年轻时，我们肯定会毫不犹豫地选择 B；现在，经过思考后还是选择 A 比较靠谱。事实上，不只是工作需要我们，更重要的是我们也需要工作。

大量理论和实践均证明，最幸福的人并不是那些没有压力的人，而是那些虽然有压力，但把压力看作朋友的人。这样的压力既让我们更有动力，也让我们的生活更有意义。

当然，压力并不是越大越好。相关研究认为，在过难和过易之间有一个区域，在这个区域里，我们不但可以发挥最大的潜力，还可以享受过程中的快乐。也就是说，想要达到做到这点，任务的挑战要难易适度。再具体一点就是，难度略高于我们的技能水平 10%～20% 的时候，我们最容易有成就感。

这里的关键是要选择一份与我们的智力水平相匹配的工作。高能力做挑战性低的事容易无聊，低能力做挑战性大的事容易焦虑。而在焦虑和无聊之间，有一个神奇的空间，我们在其中很容易进入专注状态，这就是适当的挑战。

时代发展需要 T 型人才

/《孙子兵法》中说："故备前则后寡，备后则前寡；备左则右寡，备右则左寡；无所不备，则无所不寡。"现实告诉我们，全面平庸往往不敌片面深刻。无论干什么工作，或者要做出一些成绩，都需要聚焦、聚焦、再聚焦，深入下去，努力成为时代需要的 T 型人才。/

案例故事

有一段时间，我经常路过一家私人诊所。这是一家既普通又有一些反常的诊所。说它普通，是因为这家诊所装修简单，卫生条件一般，面积 30～50 平方米，是个典型的夫妻店，男的是医生，女的是护士。说它反常，是因为这家诊所的宣传口号有些夸张，橱窗上竟然写着"中西医结合""有家传秘方加持""师从若干国际著名专家""开设妇科、儿科、骨科、针灸、推拿等科室，可以治疗高血压、糖尿病、脑血栓，甚至癌症、抑郁、焦虑等"上百种疑难杂症，墙上挂满了各式各样的患者感谢锦旗，以及夫妻二人与专家或大师的合影。

一些连北京、上海等地顶尖三甲医院都不敢承诺治愈的病症，这家小诊所为了招揽生意，竟宣称有独门绝技，可以药到病除。可以想象，如果真是这样，求诊问医的患者一定会挤破头来这里看病的。但这里患者稀少，门可罗雀。所以，这家诊所的宣传语肯定言过其实。果不其然，两个月后发生的一件事印证了这个判断。

那天，诊所内外人头攒动，乱成一团。有两个人打出白底黑字条幅，上面写着"庸医误人，锦旗造假，赔偿损失"，不停叫嚷着如果今天不给个说法，就会撕坏锦旗、砸毁诊所。还有人威胁说，现在就打 12345 市长热线电话投诉。

原来，有患者看到满墙的锦旗后抱着试一试的态度来看病，不曾想越看越严重，两个疗程下来竟然不能下床了。于是，亲属组团前来兴师问罪，讨个说法。

正所谓"好事不出门，坏事传千里"，本来就生意惨淡的诊所被这么一闹，来看病的患者就更稀少了。果然时隔不到三个月，当我再次路过这家诊所时，发现橱窗上已挂出了停业转让的告示。

理论依据

T型人才是指按知识结构区分出来的一种新型人才类型。我们可以用字母"T"来表示他们的知识结构特点，如图4–1所示。"—"表示广博的知识面，"|"表示知识的深度。

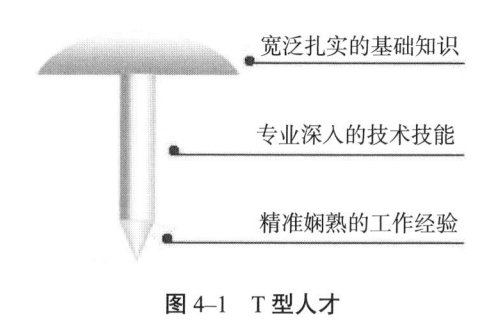

图4–1 T型人才

资料来源：百度。

这种人才既有较深的专业知识，又有广博的知识面，不仅在横向上具备比较广泛的一般性知识修养，而且在纵向的专业知识上具有较深的理解能力和独到见解以及较强的创新能力。

启智增慧

《孙子兵法》中说："故备前则后寡，备后则前寡，备左则右寡，备右则左寡，无所不备，则无所不寡。"

现实情况教育我们，全面平庸往往不敌片面深刻，四面出击很可能一事无成。什么都想要，最后的结果常常是顾此失彼，什么也得不到。

人的精力是有限的，资源也是有限的。无论你做什么工作，要想做出一些成绩，就需要抓最重要的点，聚焦、聚焦、再聚焦。专注一件事，时间长了就会形成巨大的优势，你可能会成为所在领域很难替代或无可替代的拔尖人才。任正非在给新员工的信里说："现实生活中，能把一项技术弄通是很难的。如果想提高效率、待遇，就只能把精力集中在一个有限的工作上，不然很难熟能生巧。什么都想会、什么都想做，就意味着什么都不精通。做任何一件事对你而言都是一个学习和提高的机会，都不是多余的，努力钻进去，兴趣自然在。"

孟子曰："有为者辟若掘井，掘井九轫而不及泉，尤为弃井也。"挖十口浅井，不如挖一口深井；在一个方面做"头把刀"，胜于在十个方面当"二把刀"。认认真真地做一件事，会解释所有的事，证明很多能力；马马虎虎地做十件事，什么也解释不了，什么也证明不了。

人怕就怕在本职工作还没做好，就心猿意马、盲目跟风，东山看着西山高，频繁更换赛道。要知道，进入一个陌生的新领域，就意味着前期的投入都将成为沉没成本。

人生短暂，要想在有限的生命内做出一点成绩，就要有舍得的智慧，有所为有所不为，不求样样优秀。为了终极目标，要学会果断舍弃一些小目标，瞄准最想实现的小目标集中发力，这才是更高级的商战逻辑。

有一种实用主义理念被称为60分哲学，说的是不喜欢的事做到60分就好，喜欢的事则要全力以赴；不重要的事做到60分就好，重要的事则要精益求精。当然，这种哲学仅适用于那些目标明确并且特别清楚自己喜欢做什么、想做什么、该做什么的人，而不能成为当一天和尚撞一天钟、降低标准、得过且过的借口。

找到你的人生绝活

/ 有这样一家平淡无奇的小馆，凭借自己的独门绝活在各色餐馆中独树一帜，吸引了众多周边居民，生意出奇地好。据说要想订上大包间至少得提前三个月预订。这家小馆生意为什么这么火，背后有什么秘诀？/

案例故事

我原来的住处楼下有一家夫妻店小馆。看门头简简单单，论装修也稀松平常，面积约100平方米。大厅里有6张四人小方桌，还有一大一小两个单间，小单间可以容纳6人左右，大单间可以容纳10人左右。但就是这家平淡无奇、几乎没有可圈可点之处的小馆，却凭借老板的独门绝活，在各色餐馆中独树一帜，吸引了周边的众多居民，生意出奇地好。据说，要想订上大单间，至少需要提前三个月预订。我不清楚别人能否订上，反正我在那里住了六年多，一次也没有订上。

老板很朴实，但也很有性格，他每天准备定量的食材，售完为止，即便老客户上门，也一律依照老规矩，概不接待，绝不妥协。送上门的客户都不接待，这在充分竞争的餐饮行业鲜有发生，似乎也不符合市场经济的通常逻辑。尽管这种做法看似有些不合情理，却丝毫没有影响这家小馆的生意。

难道这家小馆做的是山珍野味、海参鲍鱼不成？非也。这家小馆做的只是普通家常菜，什么酸辣土豆丝、蘑菇炖小鸡、红烧鲤鱼等，没什么特别的。但就是这些普通的家常菜，这家小馆却能做得色香味俱全且用心，让人感觉尝到了妈妈做的家常菜的味道。此外，老板还有几手绝活，别人学不会、偷不走。比如红烧鲤鱼这道菜，老板不仅能做出经典鲁菜的味道，还能在保持鱼身完整的情况下悄然去刺，这就解决了那些爱吃鱼却讨厌吐刺的客人的后顾之忧。除此之外，老板还有一项更让人称奇的绝活，红烧鲤鱼在端上餐桌后还会"复活"：在鱼嘴里点一滴醋，鱼的尾巴竟然可以神奇地摆动两下！

大概是物以稀为贵吧，这家小馆的菜价也不便宜。同样的菜品，远超同等规格小店的价格，基本是它们价格的两到三倍，甚至可以和当地四星级酒店的菜价相媲美。因此，这家不起眼的小馆收益颇丰，老板的日子过得也很殷实。

"咱们这家小馆为何如此火爆？"有一次吃饭时，我带着疑问，请教了老板娘。老板娘谦虚地说，没啥门道，非要说的话就是两条。

她说："第一条就是我们家的食材好。每天早上，我们都亲自到定点地方选最好、最新鲜的食材，比如鸡一定要用农村散养的，而且是不喂饲料那种；蔬菜用有机的，不上化肥那种……还有一条就是我爱人活儿好。他没有别的爱好，从小就喜欢做饭，年轻时在北京、上海、哈尔滨、烟台等地拜师学艺，现在不忙时也是每天练习颠勺。厨师们都知道，颠勺是个硬功夫。只有勺颠好了，才能掌握好火候，菜的口味才地道。"

当我问起红烧鲤鱼的独门绝活如何炼成时，老板娘笑了笑说："这是商业秘密，一般人不告诉他。"

后来，我由于工作原因搬家了。现在距最后一次到小馆吃饭也已有近九年时间了，甚是怀念那里的美味。就在前几天，我与一个仍住在那附近的朋友通电话，聊起了共同的青春岁月，也谈到了这个小馆。他说，餐饮业虽经历了严重的冲击，但小馆依然风景独好，生意依然火爆。

理论依据

蓝海战略（Blue Ocean Strategy）是由欧洲工商管理学院的 W. 钱·金（W. Chan Kim）和勒妮·莫博涅（Renee Mauborgne）提出的。他们基于对跨度达 100 多年、涉及 30 多个产业的 150 个战略行动的研究提出：企业要想赢得明天，就不能靠与对手竞争，而是要开创"蓝海"，跨越现有竞争边界，将不同市场的买方价值元素筛选并重新排序，从给定结构下的定位选择向改变市场结构本身转变，并由此开创新的、无人竞争的市场空间。这种被称为"价值创新"的战略行动能够为企业和买方创造价值的飞跃，使企业彻底摆脱竞争对手，并将新的需求释放出来。

启智增慧

上述案例中的这家小馆的老板夫妇没读过 MBA，可能都不知道什么是蓝海战略，但他们却凭着自己的商业直觉，没有随大流卷入餐饮业竞争愈演愈烈的红海，而是开创了一片无人争夺的蓝海，让人颇为敬佩。

对经营企业而言，践行蓝海战略时最重要的是摸清客户的需求，并在对客户需求进行价值评估的基础上增加或创造核心价值，剔除或减少不必要的价值，实现价值创新。

我们以经营一家餐馆为例。顾客的需求很多，他们可能会要求食材新鲜、饭菜可口且卫生、价格低、就餐环境好、服务态度好，经常开展促销活动（如折扣、啤酒饮料免费）等。这些需求虽然五花八门，但有一点却是相当一部分顾客的共识：好吃才是硬道理。正是基于此，小馆走出了一条以"差异化＋低成本"为特征的价值创新之路：一方面，抓住顾客的本质需求，充分发挥技术优势，在菜品质量方面下足功夫，增加或创造核心价值，形成了自己的独门绝活，打造了自己的差异化特色；另一方面，小馆在顾客不太关注的地理位置、硬件环境、装修质量、服务水平、促销活动等方面剔除或减少了不必要的价值，实现了低成本运作。相比同等价位的四星级酒店而言，这家小馆的日常运行成本（如人工成本、税收成本、广告投入、房租成本等）要低得多。

"差异化+低成本"的蓝海经营方式让小馆在餐饮业普遍为买方市场的大形势下，形成了独有的卖方市场，并获得了较为丰厚的收益。更难能可贵的是，其经营方式稳健，抗风险能力很强，生意未受到大环境的影响。

打造共同富裕的生态体系

/清源石通这家成立于"寒冬季节"的公司没有感到阵阵的寒意，反而刚一成立就受到物流快递公司、货代、航司等产业链企业的欢迎，业务做得也是风生水起，红红火火，在航空业的冬天迎来了发展的春天。是偶然，还是必然？/

案例故事

某物流公司华北大区负责人在某航司中国区负责人的引荐下，到清源石通（北京）国际供应链管理有限公司（以下简称清源石通公司）拜访，商谈国际业务包机事宜。

刚一坐下，物流公司的负责人就迫不及待地提出了他的诉求："最近公司业务发展需求旺盛，但包机航线紧张，我们需要 N 架包机，希望能够通过今天的洽谈来解决这个问题。"

清源石通公司的负责人像位老中医，不急不慢地看了对方一眼，随口问道："你们需要机龄多少年的飞机？"

物流公司负责人一愣，问道："难道包机和飞机的机龄还有关系吗？我们原来洽谈业务时，从来没有人跟我们说过这件事！"他也非职场小白，而是在国际航空包机领域摸爬滚打了十多年的业内资深人士，但让物流圈的人搞懂航空专业的事也很难，毕竟这属于行业跨界。

清源石通的负责人这些年习惯于跨界发展，长袖善舞，已经摸清了行业的特点、属性和逻辑联系。他气定神闲，娓娓道出了其中的门道："包机和飞机机龄不但有关，而且关系还相当密切。如果机龄过长，飞机老化严重，包机采购价格自然就会低，但降低了采购成本却不一定增加效益，甚至可能不是好事，因为这同时也会带来一系列问题，比如飞机抛锚、油耗增加，就会导致'买着便宜但用着不便宜'的现象，而且会影响客户体验，严重的还会导致客户批量投诉。"

事实上，这个道理很简单。如果你包了一部快要报废的二手车，虽然价格便宜，但车老、耗油量大，更要命的是动不动就可能出现故障，让你苦不堪言。飞机的资产价值高，每天折旧多，机组人员成本也高，一旦出现故障，成本之大就会让人触目惊心。逻辑虽然很简单，但由于是跨界，大家信息不对称，很多人往往压根不往这方面去想。

而且，在大型物流快递公司中，负责采购与负责市场拓展和服务质量的人往往是三拨人：负责采购的人希望降低成本，越低越能有业绩；负责市场拓展的人希望产品有竞争力，时限有保障，可以跑马圈地、提高市场份额；负责服务质量的人则希望提高效率，改善客户体验，减少客户投诉。而对于公司的董事长、总经理来说，他们则希望大家相互博弈，找到一个最佳平衡点，公司能够整体降本增效，提升服务水平，实现高质量发展。

清源石通公司负责人的一席话似乎说到了物流公司负责人心中的痛处，他瞬间产生了共鸣的感觉，说："的确如此！的确如此！的确如此！前段时间，我们公司就曾经出现过这个情况，我们非常着急！"

在经过一番"望闻问切"后，清源石通公司结合采访物流公司的产品特点，为其开出了个性化的诊断方案：最适合的机龄大概是20年。

物流公司负责人频频点头表示赞同，思考了一下又问了一个问题："那为什么其他包机公司从来不提机龄的问题呢？我们在采购时常常是对飞机一无所知，甚至连哪家航司的飞机都不清楚就交钱了。"

某航司中国区负责人看清源石通公司的负责人没有接话，就补充道："清源石通公司不同于物流快递公司，不同于货代公司，不同于包机公司，也不同于航空公司，它是站在航空业的上游，整合飞机制造企业、飞机维修改装企业、航空公司、物流快递公司、货代等自上而下的整个产业链资源，为客户提供解决方案，帮助客户节省成本，以实现共赢发展。"

清源石通公司将供应链管理确定为自己的主打业务，并放在营业执照经营范围的第一项。只要客户有需求，该公司就可以根据客户的个性化要求，提供指定飞机型号、机龄、飞行路线等包机服务，还可以向上延伸产业链，提供发动机改装、客改货、零配件供应等一条龙服务。事实上，这些都是该公司的拿手业务，虽然也做包机业务，但是绝不以把飞机包出去为目的，而是为客户提供一套量身定制的飞机货运解决方案。

与我参加的其他商务谈判的唇枪舌剑、刀光剑影所不同的是，这间会议室里气氛融洽，不时传出爽朗的笑声。显而易见，大家都很开心。

理论依据

无论是卖电脑、服装还是汽车，一家公司的命运都日益与其他企业的命运联结在一起。网络中的所有企业都必须精诚合作，才能使自己获得发展。而且与以往大不同的是，企业的成功越来越取决于企业对自己并不拥有的资产的管理。

商业生态系统理论认为，生物生态对商业生态的运行具有很强的类比作用。正如自然界的核心物种在生态系统中扮演着核心角色一样，沃尔玛、微软和利丰等企业都在运用网络核心企业战略，积极、主动地塑造和调控着各自的商业生态系统；而在这样做的过程中，它们也极大地改进了自己的绩效。哈佛商学院教授马尔科·扬西蒂（Marco Iansiti）和罗伊·莱维恩（Roy Levien）认为，优秀的网络核心企业不但能使庞大且分散的商业网络如何与顾客联结的难题化繁为简，而且通过为其他企业提供可资利用的平台，促进整个生态系统改进生产率、增强稳定性，并有效地激发创新。

网络成员在整个商业生态中可以扮演网络核心型、支配主宰型和缝隙型这三类角色。显而易见，在上述案例的商业生态系统中，清源石通公司属于网络核心型企业。

启智增慧

2020—2022年，受疫情等因素冲击，整个航空业哀鸿遍野，2022年更是出现集体大亏损，仅南方航空、中国东航、中国国航三大航空公司年均亏损超300亿元，合计亏损超1000亿元。然而，在航空业发展的寒冷冬季，整个产业链上下游的很多公司都在努力瘦身以求过冬的至暗时刻，清源石通（北京）国际供应链管理有限公司却在北京悄然成立。

更难能可贵的是，这家公司刚一成立就受到了产业链中物流快递公司、货代、航司等企业的欢迎，业务做得风生水起，在航空业的冬天里迎来了发展的春天。

原因有很多，但最重要的是，清源石通公司战略定位清晰，恪守"为人民服务，顺便挣点钱"的朴素价值观，坚持不与民（物流快递公司、货代等）争食，不与国（航空公司等）争利，发挥高管人员深耕航空业多年的经验优势和高素质人员的团队优势，通过整合飞机制造企业、飞机维修改装企业、航空公司、物流快递公司、货代等整个产业链资源，持续提升产业链价值，打造行业发展生态，引领大家一起走向有牛奶和蜂蜜的地方，实现共赢发展。

简单地说，清源石通公司顺应行业发展规律，坚持适度超前规划和轻资产运作，致力于高点定位科技引领，而不是低水平重复建设；致力于帮助客户解决问题，而不是制造麻烦；致力于改善产业发展生态，而不是加剧竞争内卷；致力于协同共赢，有钱大家一起赚，而不是只顾自己吃肉。

CHAPTER 05

人际关系:
人的本质在其现实性上是
一切关系的总和

子非鱼，安知鱼之乐

/ 同样是面对加班，业务量大的支局与业务量小的支局的反应截然不同：一个感觉这样的日子很无奈，一个感觉这样的日子很期待。业务量大的支局无法体会没事可干的孤独与无聊，业务量小的支局也无法感受熬夜加班的辛酸与煎熬。/

案例故事

小时候，我们总是在地理、政治等课本上看到这样一句话："我国地大物博，幅员辽阔。"但我真正深切地感受到这一点还是在参加工作以后。

曾经有一年多的时间，我在中国邮政总部负责全国邮政网点的服务质量监督检查工作，这让我有机会见识各个知名网点：位于祖国最北端大兴安岭地区的漠河北极村支局；位于南部沿海开放城市厦门的鼓浪屿支局；位于繁华一线城市广州黄金地段的花城支局；位于西北边陲人迹罕至的新疆和田的边远支局……

接下来，我们以邮政业务量大和业务量小的支局的一线员工心态的巨大差异，聊聊为什么同理心说说容易，真正做到其实很难。

我们以黑龙江大兴安岭地区漠河北极村支局（如图 5-1 所示）作为业务量大的支局的例子。漠河位于我国的最北端，与俄罗斯仅一河之隔，是全国冬季最冷的地方之一，是国家 5A 级旅游景区，素有"金鸡之冠""神州北极"和"不夜城"之美誉。

图 5-1　中国邮政黑龙江大兴安岭地区漠河北极村支局

北极村支局位于北极村景区的黄金地段，有中国最北最美邮局之美誉，是当地的标志性建筑，也是著名的网红打卡地，因此带动了明信片、信函等传统邮政业务超常规的发展。在旅游旺季，仅明信片每天的寄递量就在 1500 件以上，这在其他网点几乎是不可想象的天文数字。

网点的业务量大了，这里的工作人员自然忙碌。"仅仅整理信件、加盖邮戳等，就要头也不抬地处理四五个小时，加班是常有的事，有时还要加班到深夜，累得全身散了架。"一名营业员无奈地说。

我们以新疆和田某个记不清名字的边远支局作为业务量小的支局的例子。这是一个补白网点①，距离和田需要四个多小时的车程，远超我们的心理预期。

我们去这个网点的当天赶上沙尘暴天气，漫天风沙，黄土飞扬，呛得我喘不过气。直觉告诉我，这是我有生以来经历过的最严重的沙尘暴天气。然而，当地工作人员却说："这种沙尘暴天气在我们这里只能算中等水平，最严重时比这要厉害得多。"

这里客流极少，连支局门口也都很少有人经过，常常一年到头都没有人来办理业务。然而，国家为了保障邮政普遍服务的需要，在每一个乡镇都设有网点，并规定一封100克以内的平信不论寄到天涯海角，只收1.2元的资费。显而易见，这是一笔赔本的买卖。

为了弥补普遍服务的亏损，当地邮政部门按照集团公司要求，千方百计地开展业务叠加，比如在支局销售一些大众消费品，开展代收电费、话费等便民类业务，但还是少有人来。

网点的工作人员看到我们来了就站在门口迎接，她有些胆怯地说："我工作10多年了，第一次见从北京来的集团公司领导。我们这里人太少了，平时连个陪我们说话聊天的都没有。"

"每天早九晚五，可以按时上下班，从不加班熬夜，不也挺好的吗？"同行的一位同事幽默地打趣道。

"我们倒是想加班，大家可以边干活边聊天，可是没有机会加！"她一本正经地告诉我们，加班在她和同事看来竟然是可遇不可求的好事。

同样是面对加班，业务量大的支局与业务量小的支局的反应截然不同：一个

---

① 补白网点大多处于位置偏远、经济相对落后的地区，是国家邮政局前些年大力推进的一项便民工程，旨在实现每个乡镇都至少拥有一个邮政网点。

对这样的日子感到很无奈，一个对这样的日子表示很期待。业务量大的支局无法体会没事可干的孤独与无聊，业务量小的支局也无法感受熬夜加班的辛酸与煎熬。

理论依据

同理心是指站在当事人的角度和位置上，客观地理解当事人的内心感受，且把这种理解传达给当事人的一种沟通交流方式。有很多描述同理心的成语，比如将心比心、设身处地、以心换心和心有灵犀等。不同于同情心，同理心是学会理解别人的感受，并非可怜对方的遭遇。

大量研究证明，同理心对我们的社会行为、利他的倾向、人际关系的建设、感情的建立，以及整体的幸福感都有特别重要的意义和帮助。甚至有人说，同理心是市场经济的核心，是社会关系的基础，是最重要的文明特征，是人际交往的心理桥梁，它与自我控制力、道德意识和理智是人性中的四个善良天使。

具有同理心的人有以下特质。

- 将心比心：人心都是肉长的。同理心的底层思维逻辑在于真正以解决对方的问题为出发点。有同理心的人习惯用第三只眼客观看待世界，习惯换位思考，习惯设身处地地去感受和体谅他人，并以此作为处理工作中人际关系、解决沟通问题的基础。
- 感觉敏感：具备较高的体察自我和他人的情绪、感受的能力，能够通过表情、语气和肢体等非言语信息，准确判断和体认他人的情绪与情感状态。例如，对方在谈话中不时看手表，可能表示他还有其他事情；当对方开始打呵欠，可能在暗示时间不早了。
- 用同理心沟通：听到说者想说，说到听者想听。
- 以同理心处事：以对方有兴趣的方式，做对方认为重要的事情。越是令人舒服的处事方式，越是会站在对方的角度出发，而不是一味地考虑自己想做什么。

启智增慧

我们经常说人际沟通的关键是要增强同理心，多换位思考，想别人之所想，急别人之所急，"己所不欲，勿施于人"。

但是，真正做到有同理心其实是一件很不容易的事。因为无论我们如何强调"想他人之所想，急他人之所急"，本质上都还是在用自己的逻辑去思考。这让我想起庄子"子非鱼，安知鱼之乐？"的经典对白：

> 庄子与惠子游于濠梁之上。庄子曰："鲦鱼出游从容，是鱼乐也。"惠子曰："子非鱼，安知鱼之乐？"庄子曰："子非我，安知我不知鱼之乐？"惠子曰："我非子，固不知子矣；子固非鱼也，子之不知鱼之乐，全矣！"庄子曰："请循其本。子曰'汝安知鱼乐'云者，既已知吾知之而问我，我知之濠上也。"

不经他人苦，莫劝他人善；未经他人生，莫批他人恶。缺乏同理心的人多数时候并不是不想理解别人，而是没有意识到自己的行为适得其反。

查理·芒格有句名言："对世界的伤害更多的来自认知缺陷，而不是恶意。"人们在生活中的很多分歧，往往来源于双方不同的认知。每个人的生活环境和经历不同，所以形成了不一样的人生观念，都认为自己有理，甚至认为别人不可理喻，"那些听不见音乐的人认为那些跳舞的人疯了"。

建构价值共享的"六度空间"

/ "六度空间理论"告诉我们，在一个国家乃至更大的空间内，想结识一个人并没有多远的路，最多通过六个中间人就可以找到认识他的人。其中的关键在于价值共享，难点在于你和中间人要有足够的利益交换。/

案例故事

我有一个姐姐，她是个劳模，而且是个全国劳模。据说当年参加评选时，她所在的那个拥有 800 万人口的地级市只推选了三位候选人，可谓百万里挑一；她所在的那家大型集团公司近 10 年来只有一位，可谓凤毛麟角，比大熊猫还稀有。

姐姐能够当选全国劳模，全靠业绩说话。在她的高光时刻，她的个人业绩曾经占到团队业绩的 60%，让团队的其他成员望尘莫及。她既没有西施的容貌，可以凭颜值轻松拿下客户；也没有伶俐的口齿，可以凭一张嘴将梳子卖给并不需要的和尚；更没有很丰富的社会关系，可以依靠七大姑八大姨轻而易举地将人脉关系变现为现实生产力。她草根出身，简单纯粹，凭借一流的专业水准和靠谱的人品为客户提供个性化解决方案，帮助客户实现价值创造，硬是将很多人头疼发怵的营销工作做到了极致，自己的日子也过得蒸蒸日上，有滋有味。

她有一句很自信也很有底气的口头禅："在我们这个不大不小的城市，没有我搞不定的客户。"

一次，我向她请教："姐姐，您自信的底气从哪里来？尤其是当您面对陌生的客户和难啃的'硬骨头'时。"

她想了想，风轻云淡地说："我们这个城市不大，就800万人口。哪怕是陌生人，也可以通过熟人的熟人建立起联系，一般不会间隔超过三个人。"

姐姐学历不高，可能不太知道六度空间理论，而我知道。但当我面对陌生的客户时却没有这样的底气。于是，我接着问道："这个道理我懂，但为什么您的熟人愿意帮您转介？而且这个熟人还能有足够的影响力帮你实现这个想法。"

姐姐自信满满地说："我在这个行业内是有专业水平的，可以为客户提供个性化的解决方案，帮助客户实现价值创造；我的一些观点也是有前瞻性的，有的观点还曾经引领时代，成为人们热谈的话题，后来有些事实也证明我的确有先见之明。"她稍微停了一下，又接着说："还有一点就是，我一直坚持做事先做人，做人要靠谱。服务客户时，我首先考虑的不是将产品卖给客户，而是始终将客户的需求放在第一位，将客户的长远利益放在第一位，努力建立长远乃至一生的关系，绝不急功近利，为了完成当年的KPI而做一锤子买卖。"

因为专业，所以客户托付；因为靠谱，所以客户信赖。"专业+靠谱"，这是服务大客户必备的两个基本素质，两者缺一不可。缺少了专业，就失去了价值基础；缺少了靠谱，就没有了合作基础。

在多年的合作过程中，有些客户视她为知己，甚至将秘不示人的个人事项也交付她办理。"受人之托，忠人之事"，这是基本的职业操守，也是她为人处世的行为准则。

也正是因为有了这种多年的合作关系，这些熟人也会将她的托付事项列入重要议事日程，想方设法地帮她牵线搭桥，促成项目合作，完成订单。时间积累出了信任，也就成就了她职业生涯中的无所不能以及别人眼中的望尘莫及。

理论依据

六度分隔（Six Degrees of Separation）理论又称小世界现象和六度分割理论，由哈佛大学心理学教授斯坦利·米尔格拉姆（Stanley Milgram）提出。该理论指出，你和任何一个陌生人之间所间隔的人不会超过六个，也就是说，最多通过六个中间人，你就能够认识任何一个陌生人。

1967年，米尔格拉姆设计了一个连锁信件实验：随机选择一部分人作为发信人，要求他们向一个指定的目标人物A寄一封信，但是要求发信人不能直接将信件寄给A，而是要将信件转发给自己熟悉的朋友。所有收到信件的参与者（除直接认识A的人）都不能直接将信件寄到目的地。经过几次转发，信件最终寄到了A的手中。在多次重复这个实验后，米尔格拉姆得出了结论：信件大约要经过六次转发才能最终到达目的地。也就是说，只需要通过六个人，任何两个不相识的人就能建立联系。

2002年，瓦茨（Watts）将米尔格拉姆实验扩展到全球范围。他招募了9.8万名被试，让他们将信息发给世界范围内的目标人物，要求是通过电子邮件发给那些可能认识目标人物的人，随后依次传递下去。实验结果与米尔格拉姆的实验结果基本相同，仍然是基本上需要六次传递，就可以让世界上的两个人建立联系。

启智增慧

我们在开展营销工作时，常常因没有过硬的人脉而束手无策，因不认识对方当事人而主动放弃。其实大可不必，我们可以，也应该有理论自信。

六度分隔理论告诉我们，在一个国家乃至更大的空间内，想结识一个人并没有那么困难，最多通过六个中间人就可以找到认识这个人的人。在上述案例中，姐姐在营销实践中摸索出的"三度分隔理论"可应用于一个中等偏上规模的地级城市。

六度分隔理论的关键在于价值共享，难点在于你和六个中间人要有足够的利益交换。韩国著名经理人朴钟和认为，人际关系最重要的要素就是利益。给那些你希望与其保持良好人际关系的人以某种利益，是建立正确的人际关系的第一秘诀。

尽管这话听起来有点儿冷漠或者缺少人情味，但事实就是这样。懂了这些人际关系和社会的底层规律，并恰到好处地进行价值互换，比花言巧语都简单、有效得多。

社会关系的疏远是造成自杀的最主要原因之一

/ 现代社会学创始人爱米尔·杜尔凯姆认为，自杀既不取决于经济基础，也不完全由家庭背景决定；相反，社会关系的疏远是造成自杀最主要的原因。人际关系的重要性远远超乎想象，它是通往幸福的必备条件。/

案例故事

一天晚上，几个朋友在京城小聚，席间来了一个曾经的大佬A总。他一身便装，穿着一双手工布鞋，但会说话的眼睛告诉我，这是一个很有故事的人。

A总这些年一直在深圳发展，在"春天的故事"的激励下，乘着改革开放的春风，公司的业务风生水起，个人的事业红红火火，从单枪匹马、举目无亲，到成立三五个人的小门店，再到成为一家拥有 2 万多员工、实现年产值 10 亿元的集团公司创始人，一步步滚雪球式的快速发展使他实现了财富自由。"最有钱时，我都有点不知道钱怎么来的。有一年，我曾经购买了三架波音飞机，没有向朋友借一分钱，也没用银行贷款，直接就是买买买。"A 总这样描述自己曾经的风光无限。

然而，风云突变，由于受疫情冲击、在建工程占用资金过大等因素的交织影响，公司资金链发生断裂。一夜之间，钱就像被大风刮走了一样，无影无踪。为此，他能用的方法都用了，能找的人脉都找了，能考虑的途径都试了，还是无济于事，公司不得不宣布破产，更多的麻烦也接踵而至：他作为法人代表，自然进入了老赖名单，被限制高消费。

他这次从深圳到北京，坐的是一天一夜的绿皮火车。以前，这种长距离出差，他清一色都是乘飞机，哪个航班的时间合适就买哪个，根本不考虑折扣，而且都是商务舱。他最近一次乘坐这种火车还是 15 年前，那时公司还处于初创阶段，各方面的费用要精打细算，每一分钱都得省着花。当然，这些对他来说也不算什么，他不是那种死要面子、爱虚荣的人，也不是那种从小长在温室里、没见过风雨的人，他这些年受的苦比别人多得多，经历的难比工薪族多得多，见证过的风雨也比老百姓多得多。

更麻烦的事还在后面。别的不说，仅债权人就让他焦头烂额，还有，曾经和他一起打拼的兄弟现在失业也让他充满了愧疚。

酒过三巡，菜过五味，大家聊得越来越开心，话题也越来越随意。"A 总，您一下子从富翁到'负'翁，有没有想过自杀？"一个朋友这么问道。怕引起误会，他又补充说："一个同事的老公由于忧郁症，昨天晚上悄悄服毒自杀。一家人哭得稀里哗啦，主要是他之前有好多征兆，但他们都认为抑郁症不是病，没必要大惊小怪的。"

没想到 A 总看得很开，他一脸风轻云淡，带着微笑说："我有一个温馨的家庭，有一帮跟我一起打拼的兄弟，还有这么多好朋友在，大家没有因为我现在落魄而冷落我，也没有因为我成为'老赖'而疏远我。咱们一起喝着二锅头，撸着串，吃着火锅唱着歌，你看我会自杀吗？"

A 总的一席话逗得大家哄堂大笑。停了一下，他接着说："原来，坐飞机很快，现在坐绿皮车很慢，倒是给了我很多静心思考的时间。'眼见他起高楼，眼见他宴宾客，眼见他楼塌了'是清代孔尚任的《桃花扇·余韵·离亭宴带歇拍煞》中十分经典的一句话，我以前只是在书上看过、戏里听过，现在自己经历了一次，自然别有一番滋味在心头。我的公司从辉煌到倒闭有很多原因，最重要的还是我自身有缺陷、有短板。这些弱点平时看着无所谓，但在关键时刻就可能会影响事业发展，造成严重损失。我这次进京，就是想通过寻求与某大型集团公司联合并购，实现二次创业。说实在的，现在我的公司虽然倒闭了，但两万多员工还在看着我，一家老小还在指望着我。我这些天一直在奔波，连自杀的时间都没有。"

我原以为 A 总会借着酒劲吐槽几句，感叹英雄气短，遗憾时运不济，甚至辱骂小人陷害，这也是世之常态、人之常情，但他没有抱怨，没有悔恨，甚至也看不出任何失落，他在认真地思考自己的得失不足，在默默地积攒能量，在努力寻找着东山再起的机会。

"咱们大家一起喝一杯，共同祝愿 A 总早日走出困境，再铸辉煌！"这时，一个朋友提议干杯，正好说出了大家的心声。大家一饮而尽，非常痛快。

理论依据

现代社会学创始人埃米尔·杜尔凯姆（Émile Durkheim）认为，自杀既不取决于经济基础，也不完全由家庭背景决定。社会关系的疏远是造成自杀最主要的原因之一。

彭凯平教授进一步研究后发现，自杀最突出的三个原因都与财富值无关，而与意义和人际关系相关。

- 活得不开心。开心是生命的意义之一，是基本成分。
- 失恋或失去人际关系。人际关系也是生命的意义。人活一辈子，就是在与周围的人发生联系。感情是人的一种生命意义。
- 活得没劲，没有意义。意义感也是生命的基础成分，人总要去寻找这一辈子是为了什么而活着的答案。

启智增慧

在这个案例故事里，A总虽然一下子从富翁成了"负"翁，落差着实有些大，但他一直有着温馨的家庭关系、融洽的朋友关系、和谐的公司团队关系，他还为"吃着火锅唱着歌"这样平淡的生活赋予了不一样的意义。我们有理由相信，他是不会自杀的。

我们不时听到企业破产倒闭的消息，常常以为是破产倒闭让这些企业的创始人或所有者痛不欲生、一死了之，其实不然。压倒骆驼的最后一根稻草的往往是这些人的人际关系，比如他们可能遭到了众叛亲离，失去了活下去的意义。

著名心理学家阿德勒认为："人的一切烦恼都来自人际关系。"白富美、高富帅的人未必幸福，对幸福影响更大的因素是美好的人际关系，是至爱亲朋的支持。人际关系的重要性远远超乎想象，它是通往幸福的必备条件。

中国古代就有四大喜事之说，分别指的是"久旱逢甘霖，他乡遇故知，洞房花烛夜，金榜题名时"。在这四大喜事中，就有两大喜事与人际关系直接相关，分别为"洞房花烛夜"和"他乡遇故知"。

哈佛大学医学院花了 75 年的时间跟踪研究了 724 位男性，发现幸福的人生最终都有一个共同特点：拥有良好的关系，和家庭、朋友、周围人群联结更紧密的人更幸福，他们的身体更健康。研究结果还显示，发展得最好的人是那些把精力投入与家人、朋友和周围人群建立并保持和谐关系的人。

团结是最硬核的生产力

／没有完美的个人，只有完美的团队。从单个成员来看，《西游记》师徒五人都有鲜明的个性，都天赋异禀，但也有不少的毛病，甚至曾触犯天条。然而，从团队的角度看，他们优势互补、性格搭配，在长期磨合中逐步形成了一个完美的团队，最终历经八十一难成功取得真经。／

案例故事

《西游记》作为一部我国家喻户晓的经典电视剧，在 1986 年春节一经播出立刻轰动全国。它老少皆宜，获得了极高评价，先后被重播了 3000 多次，打破了吉尼斯世界纪录，成为不折不扣的"神剧"。剧中塑造的师徒五人的形象更是妇孺皆知，成为人们心中永恒的形象。

没有完美的个人，只有完美的团队。从单个成员看，师徒五人天赋异禀，都有鲜明的个性，也有不少的毛病。然而，他们优势互补、性格匹配，虽然路途遥远且艰辛，却"干活不累"，做到了"德者居上、能者居前、智者在侧、劳者在下"，在长期磨合中逐渐形成了一个完美的团队，"一个也不能少，一个也不能多"，历经八十一难成功取得真经。最后，师徒五人功德圆满，修成正果。

下面，我们从团队管理的视角来谈谈为什么这五位师徒可以一起干成一件惊天动地的大事。

唐僧：可敬不可爱的圣僧，"德者居上"

从团队的角度看，唐僧扮演了领导者的角色，是这个团队的核心和灵魂人物。他博学多才、仪表堂堂，为人正直，善解人意，严于律己，目标坚定，即便历经万难，仍不忘初心、笃守信仰，"不取真经，誓不还乡"。如果没有唐僧的存在，这个团队早就解散多次了，"你回你的花果山，我回我的高老庄"。

在看到其可敬的一面时，我们也不难发现其不可爱的一面：他肉体凡胎，不会武功，手无缚鸡之力，在五人中功夫是最差的，屡屡成为妖怪猎逐的目标。他不解风情，不懂风月，有些迂腐，不懂变通，这在现在看来有些可笑。更气人的是，他分不清伪善与真恶，无原则地宽容，四处滥用仁慈之心，伤害了别人也伤害了自己，以至于我小时候看这部剧时感觉他就是个累赘。

唐僧的前世金蝉子在灵山广受佛法时，不好好念经，打起了瞌睡，被如来责骂，"汝不听说法，轻慢我之大教，贬汝之真灵，转生东土"，之后被贬到了大唐。

孙悟空：能力超强但易冲动的"职业经理人"，"能者居前"

从团队的角度看，孙悟空扮演了能者的角色，是适合开疆拓土的不二人选。他神通广大、武功高强，可以72变。在取经的路上，他出力最多、贡献最大，每每在大难临头之时，他或舞起金箍棒，或动用自己的人脉资源，横扫一切妖魔鬼怪，让团队化险为夷，显示了其高度的行动力、担当力和创新力，但他有些猴急，争强好胜，心高气傲，爱显摆，有时还心胸狭窄。

孙悟空曾大闹天宫，还偷吃蟠桃和仙丹，得罪了天庭的各路神仙，被如来佛祖关在了五行山下。

猪八戒：西天路上的凡夫俗子，"智者在侧"

猪八戒看起来呆头呆脑，其实是个智者。他天性幽默、知足乐观、社交能力强，善于化缘求斋，在取经的路上一直充当开心果的角色，很好地发挥了上传下达的沟通协调作用。他功夫也不差，可以 36 变，当年在天庭曾经官至天蓬元帅。他尊师重道、心地善良，在大是大非方面的立场比较坚定，从不与妖精退让妥协，扭打起来绝不心慈手软。

但猪八戒也汇集了凡夫俗子的大部分缺点。他是一个被挟带的"革命者"，有正常人所拥有的一切欲望，从来就没有普度众生、修成正果的雄心壮志，爱吐槽抱怨、挑拨是非、好吃懒做，忠诚度不高，时不时就要散伙走人，返回高老庄娶媳妇。

猪八戒原本是天庭重臣，他曾在安天大会上喝酒误事，又在月宫前见色起意，被纠察灵官发现后上告玉帝，于是被贬下凡间。

沙僧：没有性格的"老黄牛"，"劳者居下"

沙僧常常以"老黄牛"的形象出现。他意志坚定，勇挑重担，性格温和，默默奉献，对团队忠心耿耿、永不背叛，做事情谨慎本分，从不逾矩，在紧要关头常能发挥冷静、沉着的稳定力量。

沙僧原本是天庭卷帘大将，他因失手打破了琉璃盏而被贬下凡间，在流沙河成为妖王，做了强盗。

白龙马：真正的幕后英雄，"劳者居下"

白龙马是个"官二代"，沉稳，耐得住性子。在取经途中，他的戏份不多，就是走路、走路，不停地走路。但在降伏黄袍怪的过程中，面对唐僧被变为虎精的绝境，他力挽狂澜，立下了汗马功劳，在至暗时刻挽救了大局。

小白龙原本是西海龙王的三太子，他先是因烧毁玉帝钦赐的夜明珠，触犯天条，犯下死罪，后因顶撞自己的父亲犯了忤逆和不孝之罪。

理论依据

剑桥大学教授梅雷迪思·贝尔宾（Raymond Belbin）博士和他的同事们经过多年的研究与实践，提出了著名的贝尔宾团队角色理论，即一支结构合理的团队应该由不同角色的成员组成，这些成员分别充当智多星 PL（plant）、外交家 RI（resource investigator）、审议员 ME（monitor evaluator）、协调者 CO（co-ordinator）、鞭策者 SH（shaper）、凝聚者 TW（teamworker）、执行者 IMP（implementer）、完成者 CF（completer finisher）、专业师 SP（specialist）等角色。

没有完美的个人，但是有完美的团队。高效的团队工作有赖于成员的默契协作。团队成员必须清楚自己和其他人所扮演的角色，了解如何发挥优势，相互弥补不足和成功地协作，这样才能够提高生产力，鼓舞士气，激励创新。

启智增慧

师徒五人之所以功成名就，取得真经，最根本的原因就在于五位师徒组成了一个完美团队，他们之间优势互补、协同西行，这才使得取经的愿景具有了现实的可能性。在这个小团队中，唐僧作为德者，主要充当了鞭策者、凝聚者的角色；孙悟空作为能者，主要充当了智多星、外交家的角色；猪八戒作为智者，主要充当了协调者的角色；沙僧、白龙马作为劳者，主要充当了审议员、执行者的角色。

德者领导团队，能者攻克难关，智者出谋划策，劳者执行有力，团队成员互相配合，虽然他们历经九九八十一难，但最后修成了正果。这也带给我们以下一些启示。

第一，团队是需要进行顶层设计的，而不是随便拼凑的。唐僧师徒五人这个团队的顶层设计可以说独具匠心，即使现在看，该团队或许也是我国古代配合最默契、知名度最高，也是最成功的团队。

一个完美的团队在进行顶层设计时须提前考虑成员在性格上的优势互补，否则就会产生"两叫驴拴到一个槽上"等先天性缺陷。例如，成员不能全是"孙悟空"，不然默默无闻的支持工作谁去做？也不能全是"猪八戒"，不然稍有点风吹草动，大家就各奔东西了？更不能全是"沙僧""白龙马"，不然谁来降服妖魔、发展生产力？谁来取笑逗乐、打造企业文化？

第二，团队是需要协作分工的，而不是单打独斗的。一个篱笆三个桩，一个好汉三个帮。在职场里，小成功靠个人，大成功靠团队，个人是逞不了英雄的。无论什么工作，都一定需要上司、下属以及同事的互相帮助。没有团队的帮衬，个人是无法成功的。

《淮南子·主术训》中有言："用众人之力，则无不胜也。"唐僧道风再高、长得再帅，也需要四个徒弟的一路保护，否则早就成了妖怪餐桌上的美味佳肴；孙悟空武功再高、本领再强，与师父有矛盾时也需要猪八戒从中圆场，遇到水下的妖怪时也需要沙僧出场。而且我们不难发现，最开始，孙悟空单打独斗，突显其个人英雄主义；越往后，孙悟空越仰仗团队作战。

第三，团队是需要不断磨合的，而不是一蹴而就的。出发伊始，师徒五人并不和谐，时常会发生冲突，但经过磨合，他们用真心和行动化解了矛盾，逐步找到了各自的角色定位，形成了一支很有战斗力的完美团队。

在"三打白骨精"这一集中，师徒矛盾的冲突发展到了高潮：唐僧实在无法相信，这相继被孙悟空打死的一家三口竟然是同一个妖精，猪八戒还在一旁添油加醋、煽风点火，于是唐僧先后念了三次紧箍咒，还一怒之下赶走了孙悟空。

之后，唐僧被黄袍怪变成老虎，猪八戒无计可施，意识到没有大师兄就到不了西天，取不了真经，不得不到花果山请回孙悟空。

唐僧变回原身之后，见孙悟空千里迢迢赶来救自己，才知道江湖险恶、人心叵测，而徒弟孙悟空对自己是真心实意。因此，师徒消除了误会，增进了信任，提升了契合度。

管理好你的上司

／斯坦福大学组织行为学教授杰弗瑞·菲佛（Jeffrey Pfeffer）说："人们记住了你，就等于他们选择了你。"人在职场，谁汇报得好，谁PPT做得好，谁就更容易被领导记住，谁就更有机会得到晋升的机会。／

案例故事

一家大型公司的董事长要到某地市分公司调研。听到这个消息后，这家分公司迅速忙成一团，专门成立了接待团队，设计调研路线、安排接站送站、对接餐饮酒店、确定行程安排等。

分公司总经理专门听取接待团队的工作汇报，要求大家一定要细之又细，慎之又慎，认真考虑好每一个接待细节，为可能遇到的突发情况提前制定预案，并到现场复盘，确保万无一失。例如，负责安排酒店的人员要到预订房间实地查看一下，房间内的空气是否清新无异味，马桶是否可以正常使用，电话、Wi-Fi、电视和空调是否可以正常使用，床单是否干净整洁，饭菜适不适合领导的口味等；负责调研路线的人员要到现场查看一下时间节点是否准确，途中有没有修路的地方，甚至有没有农村大集[①]；业务人员是否掌握相关话术，等等。

董事长调研的日子如期而至，省分公司的总经理也提前赶来一起迎接。一切都按照预定计划有条不紊地推进，董事长频频点头微笑，对该地市分公司的各项工作都给予了充分肯定，并要求临时增加一项议程：座谈并听取工作汇报。

汇报刚开始不久，董事长就有些不耐烦地打断了地市分公司总经理的汇报，他说："我今天没有时间听取你们全面的工作汇报，只想了解××项业务的具体发展情况、存在的困难、下一步的发展措施以及需要支持的事项。"

地市分公司总经理顿时有点懵，这完全不在事先准备的预案之内，因为这项业务太小了，还不到总体业务规模的1%，自己平时很少关注。他用眼睛快速扫了一下身边分管这项业务的副总经理，希望他能把这道题接过来。

然而，这位副总经理也把头垂得很低，显然他也无法接招。正在大家有些尴尬时，工作人员区的一位女士主动站了起来。地市分公司总经理赶紧解释道："这是我们的市场部经理，她平时具体抓这项业务，对情况更了解。"

只见这位女士语速不紧不慢，娓娓道来，提纲挈领地汇报了这项业务的发展概况。整个汇报既有数字分析，又有观点方法；既有抽象阐述，又有案例故事；既有成绩回顾，又不回避问题和忧患；既有对未来的展望，又有对发展的建议。

董事长听完这位市场部经理的发言，发表了热情洋溢的讲话，还特别强调了

---

① 农村大集的时间不固定，有些直接在马路上摆摊，可能会造成交通拥堵，影响行程安排。

人才培养。他说："如果全国每个地市分公司都有这样一位市场部经理，我们就大有希望了！"说完，他看了看旁边的省分公司总经理说："这样的人才我们得赶紧用起来！如果你不用，我就直接调她到总部工作了。"

不久，这位市场部经理就升职了。事实上，在这个地市分公司，她不是最能干的，业绩不是最好的，有人不服，认为这有些不公平，但不服归不服，细想下来，其实这也是相当自然合理的。

理论依据

所谓向上管理就是主动与领导沟通汇报，及时与领导达成共识，发挥出各自优势，实现合作共赢，协同达成组织目标。

德鲁克认为，员工需要做好领导的向上管理工作，充分发挥领导的优势和资源，这是一个员工卓有成效的关键所在。

做好汇报是向上管理的主要内容之一，也是让领导了解你的重要途径之一。曝光效应告诉我们，当一个人在我们面前反复曝光时，我们会提高对这个人的喜欢程度，哪怕只是简单、短暂的曝光。

现代体育产业奠基人马克·H.麦考梅克（Mark H. McCormack）曾说："谁经常向我汇报工作，谁就在努力工作；相反，谁不经常汇报工作，谁就没有努力工作。这也许不公正，但是你的老板又能根据什么别的情况来判断你是否在努力工作呢？"

启智增慧

斯坦福大学组织行为学教授杰弗瑞·菲佛说："人们记住了你，就等于他们选择了你。"

正所谓熟悉产生偏好，偏好影响评价，上述案例中的董事长喜欢选择他熟悉的人，这是人之常情，也是人性使然。这也应了我国的一句老话："宰相门前七品官"。

那么我们究竟该如何向上管理呢？

第一，多换位思考，站在高两级的立场看问题。原《经济日报》总编艾丰有个很著名的观点。他认为，要当好一个记者，就必须具备宏观意识，"想总理想的事情"。向上管理也应该如此，"身在兵位，胸为帅谋"，要把上级的事情当作自己的事情，努力站在上级的立场看问题、想办法、拿措施，帮助上级改善绩效。这样登高望远，你更容易发现工作之美，解决问题的层次将有效提升，与上级的关系也将因此变得更加简单、和谐。

丰田公司经常要求员工站在比其现在位置更高的立场看问题，就是要站在上司的立场看问题。他们的职位排序为班长–组长–工长–科长，也就是说，班长要站在工长的立场看问题，组长要站在科长的立场看问题。

如果只站在自己的立场看问题，那么做出的改善只能停留在现状的延长线上，很难有大的改善空间。但如果能够时刻想到上级"有什么烦恼""会怎样判断""会如何决定"等问题，情形就会大不同。这让我想起这样一句话："同一层面的问题不可能在同一层面解决，只有在高于它们的层面才能解决。"

第二，提前做好充分准备，机会总是留给有准备的人。能力是印象的积累。每一次汇报都不仅是简单的汇报工作，更是在领导面前的一次自我展示。汇报得好是一个加分项。

功夫在诗外，努力在平时。要想给领导留下好印象，"不鸣则已，一鸣惊人"的前提是提前做足功课，逼着自己往深处想、往远处想、往大处想、往细处想，想领导可能会问到的各种问题，并提前做好应对预案。准备充分了，才能汇报得好，靠临场发挥大多是不靠谱的。

在重要场合，汇报前通常要打好草稿，准备详细、简要和超短三个版本，比如详细版时长为1小时，简要版时长为10分钟，超短版时长为1分钟。如果领导时间宽裕，就可以拿出详细版，不紧不慢地进行系统汇报；如果领导时间很紧张，就直接拿出超短版，掐头去尾，讲出最核心的观点。总之，不管讲多长时间，都要呈现给领导完整的内容。

第三，多汇报、勤汇报，不要试图给领导一个惊喜。汇报的核心逻辑为进度条汇报方式。应该让领导知道你在做什么、做到了何种程度、是怎么做的、目前遇到了哪些问题、需要哪些帮助、预计何时完成等。尤其是领导关注的事情，千万不要想着领导很忙，等事情结束后攒到一起汇报，给领导一个惊喜。

不要让领导感到意外。成员有责任保护领导不要受惊——即便是惊喜（如果存在这种情况）。所有的领导都不喜欢"大吃一惊"，否则他们将不再信任团队成员，而且他们有充分的理由。

在议论纷纷中制定有效的决策

／工作报告作为今后一段时间整个单位的行动指南，其撰写的过程就应该是上下沟通、消除分歧、达成共识、形成合力的过程，这不是领导一个人的独唱，而是集体的大合唱。判断工作报告好坏的关键不是华丽的辞藻、奇思妙想、高深的理论或创新的观点，而是有用有效、能够落地执行、解决实际问题。／

案例故事

一个朋友说起他单位领导的工作报告写得好。报告的内容有文学性，排比句多，读起来朗朗上口，特别有气势；有创新性，提出的观点很新颖，都是大家闻所未闻的；时常会引用德鲁克等知名人物的经典语句，还会偶尔穿插几句时髦的英文。但大家反映这份报告有些曲高和寡，很难落地执行，经不起实践的检验。

原来，该报告是由这位思路超前的领导和他那有才华的秘书两个人一起写的。领导认为自己水平很高，视野开阔，熟悉现代公司治理，下属水平有限，他和秘书一拍即合。在撰写报告的过程中，他们没有与责任单位进行充分沟通，没有让相关负责人畅开言路、广泛参与、充分发表意见。直到开会时，好多负责人拿到工作报告时才发现自己分内的工作已经"被安排"了，一脸的无奈和茫然。

更离谱的是，等到具体执行时，大家才发现好多措施脱离实际、无法落地，是跳一跳也无法达成的目标，有些甚至是"既要发展速度快，又要发展质量好，还要持续降本增效"的一厢情愿，既想要西瓜，又想要芝麻，还要求芝麻西瓜的色香味俱全。但一个单位的资源能力是有限的，这些目标只能畅想一下而已，在短期内根本无法达成，弄得人们苦不堪言，私下里纷纷说三道四。在高压 KPI 的压力下，下级单位不得不铤而走险，通过财务造假等手段粉饰业绩、美化报表，以求能够完成 KPI，拿个全奖回家。

事实上，工作报告也好，起草文件也罢，都应坚持实事求是、精简、高效的原则，而没必要过分追求用词华丽、排比对仗、格式统一、朗朗上口等形式上的精益求精。尤其是工作报告，作为今后一段时间整个单位的行动指南，撰写的过程应该是上下沟通、消除分歧、达成共识、形成合力的过程，这不是领导一个人的独唱，而是集体的大合唱。判断报告好坏的关键不在于华丽的辞藻，不在于奇思妙想，也不在于高深的理论、创新的观点，而在于有用、有效，能够落地执行，并且解决实际问题。

理论依据

参与式决策（participative decision making）是指领导者倾听并平等地对待下属，充分利用团队成员所提供的意见和建议进行决策的行为。这些行为包括鼓励团队成员表达他们的意见、群策群力确保决策的有效性等。

众人所做的判断总比一个人的判断来得可靠。经济学家诺瑞娜·赫茨（Noreena Hertz）的研究结果表明，当积极鼓励团队成员公开表达他们的不同观点时，他们不仅会分享更多的信息，而且会更加系统地思考，从一个更加平衡而不是偏激的角度看待问题。

启智增慧

知政失者在草野，高手永远在民间。尤其是现在，我们正处在一个分工高度专业化的信息爆炸时代，任何领导都无法做到无所不知、无所不晓、无所不能，他们必须问需于一线、问计于员工、问效于下属，只有依靠团队的力量，让团队成员参与决策，才能实现群策群力、共同发展。

德鲁克曾指出，一项有效的决策必然是在"议论纷纷"的基础上做出的，而不是在"众口一词"的基础上做出的。一个善作为的领导者应该多组织头脑风暴，允许大家畅所欲言，鼓励不同观点的相互碰撞，哪怕是有些人的观点看似荒诞不经，也要让他们讲完，并询问其逻辑和初心。只有这样，才能真正激发大家的创意，真正做到知无不言、言无不尽；也只有这样，才能真正做到理越辩越明，实现问题共振、情感共鸣和智慧共生，更清楚地看到事情的本质。

让员工参与到决策中来是实现领导"不穷于智""不穷于能"的唯一途径，也是调动员工积极性、主动性、创造性最关键的要素。例如，让员工参与自己工作目标的制定，更能激发他们的责任意识、创新活力和工作动力；而上级一手包办制定 KPI，即使公平合理，员工也有一种被强制做事的感觉。领导者任何形式的说教都不如让员工参与决策、自我做出承诺更有效。

在麦肯锡公司有这样一条铁律——你有反对的义务（obligation to dissent）。请注意，这里提到的是"义务"而不是"权利"。也就是说，在大家讨论某个议题的时候，不管提出议题者的级别有多高，你都有义务提出反对的意见。而当听到不同意见的时候，麦肯锡公司还有一套"三步走"话术，即必须感谢——停顿一下，重复一下别人的意见，让对方感到你尊重他的意见——如果同意对方的反对意见就表示同意，而且是非常真诚地表示同意；如果不同意，不必争论、不必反对，而是说一句"感谢你的意见，我会认真考虑"。

警惕执行中的"漏斗效应"

/ 漏斗效应在工作生活中是一种见怪不怪的常见现象，也是一种屡禁不止的顽疾。一项政策或工作在制定时多是好的，但每经历一个环节或层次，效用都可能会衰减 20%，等传递到终端环节时，就可能与初心大相径庭，甚至背道而驰。因此，必须警惕"漏斗效应"，以确保执行效果。/

案例故事

我的一位朋友在一家大型集团公司担任办公室主任，曾经服务过四任总经理。

一次，他在和我聊天时说："这四任老总中，我最佩服的就是 A 总。他说的都能做到，而且都能做到位，这一点不服不行。"他详细说了以下几点。

第一，A 总讲话不多，但每一句话都是深思熟虑过的；提的要求也不多，但全是必须做好的。

在四任领导中，A 总讲话最少，有一年的全年工作报告才九页，许多员工都感觉有些不习惯，因为以往的全年工作报告至少也得 20 页。

工作报告短是短了点，但没有穿靴戴帽的客套话，没有可讲可不讲的话，也没有高大精深的复杂理论，通篇全是干货，全是必须做好的要点。这些都是他深思熟虑后才提出来的，可以说是言简意赅、一目了然，非常接地气。

第二，不仅讲清做什么，还讲清为什么这么做，以及做了之后我们会得到什么。

A 总布置工作时有个特点：不用官腔，不用命令，而是动之以情，晓之以理，不仅让员工知其然，还要知其所以然。一件事情，一项任务，他不但要讲清干什么，还要站在公司的高度讲清楚为什么这么做，理清来龙去脉，以及站在基层视角乃至个人立场上算一笔账，做了之后每个人会得到什么、有哪些具体的实惠和收益。

由于道理讲得清楚，大账小账算得明白，措施方法及时跟进，A 总部署的工作总是能很快统一思想、打消顾虑、形成行动、产生效果。很多员工都相信 A 总心中有一本明白账，听话照办肯定行。

第三，说到就要做到，采取"一竿子到底"的方式，关注每一件事的落地执行情况。

别看 A 总话不多，但他说的话，丁是丁，卯是卯，说到的必须做到，做不到的就要问责，属于典型的"狠人话不多"。

比如，重要工作他会让人复述一遍。在安排完重要工作后，A 总有时会让相关人员再用自己的话复述一遍，看看对方是不是真的理解了，是不是明白了他的意图，是不是清楚了他的想法。如果当事人出了小差，就会当场出丑。有一次，一位资历很老的中层正职在他安排工作时开了小差，在被要求复述时急得满头大汗，场面十分尴尬。

再比如，他会采取"三不一直（不发通知、不打招呼、不听汇报、直奔一线）"的方式，一竿子到底，通过问问题来印证执行效果。A 总布置完工作后，各子公司、分公司、部门、单位会相继召开贯彻会议，并通过简报、信息等反馈落实情况。他对这些材料并不在意，他有自己的摸排实情的方式：他喜欢下基层，悄悄带上几个相关部门负责人，不发通知、不打招呼、不听汇报，轻车简从，直奔基层，有时会下跨两级或三级，比如直接到子公司的分公司，分公司的子公司。

当然，他每到一处都是提前做足了功课，比如会让秘书仔细收集所到之处的亮点成绩、问题不足，拿到关于经营发展的第一手数据以及综合排名情况，掌握当前重点工作的推进完成情况。抵达之后，他会与基层单位负责人及相关人员聊家常、谈发展，并且用提前准备的数据与基层负责人的谈话内容做对比，对这个单位乃至其上级单位负责人形成大致印象。

- 如果一位基层单位负责人能随口说出主要指标的完成情况，并与提前准备的数据大致吻合，且其措施具体、方法有力，那就表明他这个基层负责人是胜任的，甚至是优秀的，同时也表明其上级单位贯彻落实集团公司部署是到位的。

- 如果一位基层单位负责人仅能说出公司的安排部署，但缺乏行之有效的方法和手段来推进，那就表明他在能力和素质方面还有待提高，或者他的上级单位在培训方面还需加强。

- 如果一位基层单位负责人说起来一套一套，表起忠心来信誓旦旦，但一问具体数字一脸茫然，那就表明他可能是"心中无数决心大，情况不明办法多"。
- 如果一位基层单位负责人一问三不知，没目标、没办法、没措施，各项主要指标完成得一塌糊涂，那就表明他整体状态不在线。
- 如果连续三位以上邻近基层单位负责人都出现这类情况，"一条鱼死问题在鱼，成批鱼死问题在水"，那就表明公司的发展生态可能出了问题，应考虑是不是追究其上级单位的责任。

理论依据

漏斗效应指的是信息在传递过程中会呈现一种由上而下的衰减趋势。如图 5-2 所示，一个人心里想的是 100% 的信息，但用语言表达出来的往往只有 80%。而当这 80% 的信息进入别人的耳朵时，可能只剩下了 60%，真正能够被人理解的大概只有 40%，而当人们按照领悟的 40% 实施行动时，已经变成 20% 了。

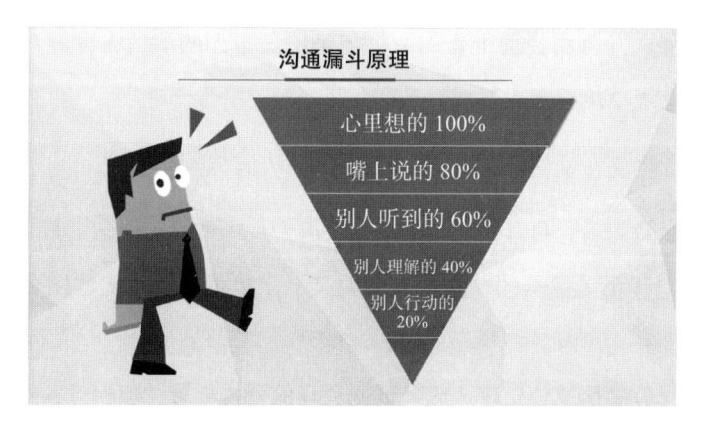

图 5-2 漏斗效应

漏斗效应除了多见于沟通中，也广泛出现在企业管理、营销推广、危机处理以及网络舆论中。在营销推广中，无论何种推广模式都需要评估广告效果，比如搜索引擎付费广告就存在"展现量＞点击量＞访问量＞咨询量＞订单量"的漏斗效应。在危机出现时，漏斗效应是指在信息传播过程中存在传播力度逐级递减的现象，与之对应的影响和执行力逐渐衰弱，从而导致危机处理缓慢以及危机扩大或升级。

启智增慧

漏斗效应经常影响工作和生活，可能会导致执行效果层层衰减，这在层级较多的大型企业或组织中体现得尤为明显。

一项政策或工作，在制定时多是好的，但每经历一个环节或层次，都可能会衰减20%，而当传递到终端环节时，可能与初心大相径庭，甚至背道而驰。那我们在工作中应该如何避免漏斗效应呢？

第一，用最简短的话来安排工作，最大限度地降低传播噪音。 在传播学中有一条屡试不爽的规律：传播效果与字数成反比。字数越多，传播效果越差；字数越少，传播效果越好。在上述案例故事中，A总讲的话是最少的，但全是干货；他提的要求是最少的，但全是必须做到的。事实上，工作安排越是简洁明了，传播噪音越会被降到最低，传播效果自然越好，执行效果自然越好，漏斗效应也就能得到有效遏制。

第二，让执行者参与方案制定，充分理解决策者的意图。 在企业管理学科中，理论派和实践派不约而同地倡导领导者要倾听并平等地对待下属，要充分利用团队成员所提供的意见和建议进行决策。在上述案例故事中，A总实现了让员工参与决策的承诺，帮助员工充分理解了决策者的意图。员工真正理解了领导的意图，也就不太容易发生信息衰减。

第三，通过现场反馈来证实执行效果。 在上述案例故事中，A总为了避免信息衰减使用了一个简单有效的纠偏方法，就是让下属用他们自己的话复述一遍重要工作的内容。

一项工作部署，如果仅看下级单位发来的文件简报，往往是形势一片大好，但这可能只是表面现象，关键还是要看执行效果；一项决策，究竟执行得好不好，往往通过与基层交流三两个问题就可以得出结论，不仅可以看出执行的效果，还能反映出许多问题。

CHAPTER 06

意义：
让生活更美好

有意义的工作更值得追求

/生活如果有意义，就算在困境中也能让你时刻有活着、充盈的感觉；生活如果没有意义，就算在顺境中，你也可能度日如年、了无滋味。意义可以赋予我们生命别样的色彩。/

案例故事

上大学时有一次寒假返校，天降大雪，长途汽车全部停运，又逢春运客流高峰，我坐了有生以来最拥挤的一趟火车。那种挤，不只是人挨人、把你挤得脚离地而不倒，不只是卫生间里都站满了人，不只是冬天能挤出夏天的感觉，而是比这还要拥挤的感觉……

所有列车都晚点，而且晚点时间不确定。好不容易等来了一趟，我和我的小伙伴们带着希望奔向站台时，却被眼前的一切惊呆了：居然到站不开门！车窗玻璃已被人打碎！下车的乘客要从车窗爬出去，上车的乘客要从车窗爬进去！车窗旁边守着几个身体强壮的大汉，俨然把车窗当成了收费站，理直气壮地对站台上的乘客说："一人交5元钱，我拉你们上来。"我和小伙伴就是被这样拉上车的，当然大多数乘客都是有票却上不了车。

几分钟后，伴着发车的一阵哨声，火车无情地抛下站台上那些望眼欲穿的乘客。虽然有些不堪，但当我们看到滞留在站台的乘客时，还是感觉我们是幸运的。

车厢里人挤人、人贴人、人擦人，到处弥漫着不好的味道。一路舟车劳顿，同行的小伙伴苦不堪言，唯独我没觉得太苦，因为当时是学生记者的我，受路遥创作《平凡的世界》的精神所感染，为这次旅行赋予了特别的意义：一名记者如果想写出有深度的新闻，就必须体验酸甜苦辣的各式生活，这次乘车经历正是丰富人生体验、提升自身阅历的最好机会。这么一想，被挤得喘不过气的苦恼立马消失了大半，反倒觉得这是一次有意义的旅行。

入职中国邮政后，由于工作的关系，我曾经与王顺友等多位先模人物有过一些面对面的接触。他们工作在投递一线，平凡得不能再平凡，普通得不能再普通，但他们却在平凡的岗位上做出了不平凡的业绩，做出了不普通的贡献。在与他们聊天的过程中，我发现他们身上都有一个共同的特点：为看似单调重复的工作赋予了不同的意义。他们认为自己不仅是在送信、送报、送包裹，而且还在连通世界、传递美好，满足人们日益增长的生活需要。

"情系万家，信达天下"是中国邮政的企业使命，是企业文化的核心理念之一。他们是这样记忆的，也是发自内心地认为就应该这样做的。意义激发了他们对工作的热爱，他们很享受这种感觉，即便没有人给他们分配工作任务或是在非工作时间，他们也总能找到事做。例如，面对一些地址不正确、门牌号码缺失或者没有收件人电话的"疑难"邮件，他们可以按照规定一退了之，但他们没有这样做，而是牺牲休息时间，不辞辛苦、想方设法地帮这些"迷失"的邮件找到"主人"。是"一封信，一颗心"的特殊意义让他们感觉这样做是值得的，他们也在坚持这样做的过程中收获了客户的信任，取得了骄人的业绩。

理论依据

不值得定律是指不值得做的事情就不值得做好,这是一种心理学效应。这个定律似乎再简单不过了,但它的重要性却常常被人们疏忽。它反映出人们的一种心理,即如果人们认为自己要做或者正在做的是一件自认为不值得做、没有意义的事情,那他们往往会敷衍了事。这样的人不仅不容易成功,而且即使成功了,自己也不会觉得有很大的成就感。

启智增慧

《活出生命的意义》的作者维克多·弗兰克尔认为,人生最重要的是发现生命的意义。他本人的经历就是发现生命的意义的过程:纳粹时期,作为犹太人,他的全家都被关进了奥斯威辛集中营,他的父母、妻子、哥哥全都死于毒气室中,只有他和妹妹幸存。弗兰克尔不但超越了这炼狱般的痛苦,更将自己的经验与学术相结合,开创了意义治疗法,替人们找到绝处再生的意义,留下了人性史上最富光彩的见证。

根据弗兰克尔的观察,在集中营惨无人道的生存环境下,决定人们生死的并不是身体的健康状况,而是活着的意义。那些最终活下来的人,可能是为了家人、为了子女,甚至是为了尚未完成的书稿。而那些感觉人生没意思、生活没有目标的人,通常会悲观失望,即使是身体健康,也会很快离开人世。

弗兰克尔在他的书中反复提及德国哲学家尼采的一句名言:"人们知道为什么而活,就能忍受任何一种生活。"

生活如果有意义,就算你在困境中也能甘之如饴,时刻有活着、充盈的感觉;如果没有意义,就算你在顺境中,也可能会度日如年、了无滋味。意义可以赋予我们生命别样的色彩，这正应了卡尔·荣格的一句话："有意义的事情即使价值再小，也比无意义的事有价值。"

有些工作在外人看来可能有些微不足道，甚至很苦、很累，但如果当事人能够以宏大的视角，将自己的工作与崇高的事业、高尚的使命和宏伟的蓝图联系起来，就可以获得积极且丰富的生命体验，一种由内向外的幸福感也会油然而生。

有这样一个故事。约翰·肯尼迪在访问美国国家航空航天局（National Aeronautics and Space Administration，NASA）的航天中心时看到，一位看门人正拿着扫帚十分认真地扫地，便走过去问他在干什么。看门人十分自豪地回答说："总统先生，我正在帮忙把一个人送往月球。"

显而易见，这位看门人并没有将自己视为一个可有可无的角色。他有着宏大的视角，认为自己的工作可以为载人登月计划提供支持，具有相当不同的价值。

让员工感觉自己的工作有价值、有意义是管理者工作的重要内容之一。优秀的企业家不仅仅关注企业的利润，更注重员工的福祉和满足他们的职业发展需求。特斯拉（TESLA）创始人兼首席执行官埃隆·马斯克曾说："如果你在公司里工作，但不觉得快乐，你应该真心实意地告诉你的上级。这是非常重要的。如果他们不理你，或者你不满意他们的回应，你可以直接写邮件给我。"他认为，企业真正的竞争力在于能尽可能地吸引和留住世界上最优秀的人才。为了做到这一点，企业必须让员工觉得他们正在做有意义的事情，并且这是他们能做到的最重要的事情。

不难理解，让员工发自肺腑地觉得自己做的事情有意义，而不是仅仅完成上级交办的工作、获得相应的提成是很重要的，这能够提高他们工作的积极性、主动性和创造性，让他们获得更多的幸福感和意义感。

怕的是比我们聪明的人更努力

/ 越聪明的人，越努力；事业越成功的人，越自律。这样滚动发展下去，会加剧马太效应，强者愈强，弱者愈弱，人与人之间的差距越来越大。/

案例故事

这些年，我在与形形色色的人打交道的过程中发现了一个规律性现象，这也应了网络上现在很流行、很扎心的一句话："最怕的是比我们聪明的人比我们更努力、更勤奋、更自律。"

越聪明的人越努力

天资聪慧便停止学习，甚至恃才傲物、不可一世者终究是少数，更多的聪明人，越学习，越能发现自己的不足；越见贤思齐，越有时不我待的紧迫感。

北京大学、清华大学等名校的学生无疑是聪明的，他们好多都是各地的高考状元。他们与其他大学的学生相比，谁更勤奋呢？我曾一度认为其他大学的学生更勤奋，因为他们只有刻苦学习，才可能杀出一条生路。但是，一次北京大学之行打破了我的认知。

某年的十一长假前夕，我和某省属高校的一位老师一起到北京大学拜访一个朋友。到达后，这位朋友向我们征求意见："今天晚上正好有著名教授戴锦华讲电影的讲座，有没有兴趣一起去听一下？"

戴锦华教授是北京大学电影与文化研究中心主任，在电影评论界可是一位响当当的名人。遇名人岂可失之交臂？我们欣然同意前往。

朋友带我们在食堂匆匆吃了饭,就急急忙忙地往讲座教室赶,他说:"戴老师的讲座很抢手,去晚了可就没有座了!"

同行的那位老师有些不以为然:"不会吧!明天就放国庆长假,我们整个学校都半空了,想组织个讲座估计都召集不够人。"他不经意地随口说道。

当我们赶到讲座教室时,距讲座开始还有一个小时的时间,但现场的情况还是让我和小伙伴们惊呆了:所有的座位都已占满,我们只能在座位之间的阶梯过道里勉强席地而坐。

即便这样,我们还算是幸运的,因为总算挤进了教室,可以有机会当面聆听戴老师的讲座。后面再来的一些同学就没这么幸运了,他们连席地而坐的机会也没有,有些同学只能悻悻离去,也有些仍不甘心,在门外或窗外侧耳倾听。

听君一席话,胜读十年书。现场听一位大师的讲座与通过网络看视频的感觉果然不同,与大师交流过眼神的感觉也的确不一样,哪怕是在如此拥挤不堪的环境中。我感觉好像吸氧了一般神奇,让人茅塞顿开,恍然大悟,原来电影评论课还可以这么讲,电影背后的学问这么大!

朋友无比自豪地讲,像这样的讲座,当晚北京大学就有十余场,场场人气很旺。

"日啖荔枝三百颗,不辞长作岭南人。"如果每周都可以听三五场这样解渴的高水平讲座,我也愿意来北大当一名保安或厨师。"所谓大学者,非谓有大楼之谓也,有大师之谓也"。北京大学的学生之勤奋,享受的大师资源之丰富,让我和同行的朋友再一次刷新了认知。

事业越成功的人越自律

我小时候特别喜欢看周扒皮、白毛女等趣味故事,脑中不自觉地就形成了这样一种思维：富人游手好闲，花天酒地，醉生梦死，大腹便便；穷人整日劳作，大汗淋漓，不辞辛苦，身材清瘦。

长大后，我才发现，越成功的人越自律，他们能管住自己的嘴，迈开自己的腿，管理好自己的身体。

美国创新领导力中心（Center for Creative Leadership，CCL）关于领导力的调研结果也表明，世界500强企业的所有首席执行官中，没有一个体重超标的人。一个人如果能带领好一个几万人的团队，也必定能管理好自己的身体，做到身材匀称而健康，精力充沛，富有活力。

理论依据

马太效应是指一种强者愈强、弱者愈弱的现象，广泛应用于社会心理学、教育、金融以及科学领域。表面上，马太效应看似与平衡之道相悖，与二八定律类似，但实则它只不过是平衡之道的一极。

"马太效应"是社会学家和经济学家们常用的术语，它反映了富的更富、穷的更穷这样一种两极分化的社会现象。

1968年，美国学者、诺贝尔经济学奖获得者罗伯特·莫顿（Robert Merton）首次使用这个术语来概括一种社会心理现象："相对于那些不知名的研究者，声名显赫的科学家通常会得到更多的声望，即使他们的成就是相似的。同样地，在一个项目上，声誉通常给予那些已经出名的研究者。"他将马太效应归纳为，任何个体、群体或地区，在某一个方面（如金钱、名誉、地位等）获得成功和进步，就会产生一种积累优势，就会有更多的机会，取得更大的成功和进步。

启智增慧

工作和生活中难免有不顺心的事。我们有时吐槽社会不公、现实残酷,抱怨自己生不逢时:富者越富,挣钱越来越容易,可以躺赢;穷者越穷,挣钱越来越难,入不敷出。

面对残酷的现实,躺平无效,因为上升的道路虽然艰难,但下滑的大门却是永远敞开的,人生没有最低点,只有更低点;面对不公的现状,抱怨无益,我们也要扪心自问,自己足够聪明、足够努力、足够自律吗?

如果智商不在线还偷懒耍滑不努力,好吃懒做不奋斗,毫无节制不自律,那你又如何能挤上通往成功的本就十分拥挤的赛道呢?你最应该做的是放下幻想,认清形势,学习榜样,提升自我。

不同于含着金钥匙长大的其他王公贵族,曾国藩的家族世世代代处在社会的最底层,而且天资一般。他曾评价自己"生平短于才""自问仅一愚人"。当年他连考个最普通的秀才竟然复读了七年,连考了七次!

若觉中年无作为,劝君重读曾国藩。曾国藩对追求个人进步、努力实现社会阶层跨越的我们有更多的现实借鉴意义。

曾国藩一生崇尚笨拙,做事用笨法,做人做笨人,用人也用笨人。他提倡"军营中宜用朴实少心窍之人""结硬寨,打呆仗"。靠稳慎徐图、稳扎稳打、屡败屡战,他硬是用最笨拙的方式创建了湘军,带兵镇压了太平天国,建立了千秋功业,最后位极人臣,封一等毅勇侯,后世称"曾文正",与李鸿章、左宗棠、张之洞一起并称为"晚清四大名臣",有"中兴名臣之首"的美誉。

曾国藩严格自律,在不到30岁时就立志做圣贤,开始写修身日记,给自己定了12条日课,要求自己每天都要写日记,用圣贤的标准反思自己前一天的所作所为。更难能可贵的是，他坚持"立德立功立言三不朽"，在军国重务缠身、戎马倥偬之际，著述等身，留下了2000万字的作品，最终成为大家公认的中国历史上的"两个半"圣人[①]之一。

万物之中，学习最美

/ 小王从司机成为厂长后，不仅职位发生了变化，而且整个人的气质都发生了脱胎换骨的变化。学习不仅可以改变一个人的命运，还可以影响一个人的气质。长期坚持学习并乐在其中，可以使人保持思想活力，获得智慧和启发。/

案例故事

司机出身的小王当上了厂长！

这既出乎大家的意料，又在情理之中。出乎大家意料的是，小王从司机一跃成为厂长，跨度着实有点大，多数和他一起开车的工友们仍在开车；情理之中的是，小王很聪明，又很爱学习。

小王原本是一位卡车司机。由于他头脑灵活、会办事，开车技术又好，因此被老厂长调到身边当司机。

前几年，为领导开车是个好差事，受人尊敬，还天天吃香的、喝辣的，油水也多，而且时间相对灵活，自在得很。因此，很多司机很满足于为主要领导开车

---

① 一个是孔子，一个是王阳明，半个是曾国藩。

这份差事。但小王是一个爱学习的司机，他会在把领导的事情安排妥当后，主动申请参加一些不涉密的会议，寻找学习的机会。

渐渐地，小王从老厂长身上学得了一身为人做事的硬本领。他为人谦虚，做事靠谱。"他和我一样，没喝过多少墨水，但他特别爱学习，这点不服不行！"和他一起开车的一位同事这样评价他。

老厂长看在眼里、记在心上，也对身边这位勤快、干净、聪明，还特别爱学习的司机厚爱有加，有意地栽培他，推荐他成了单位的中层干部。

好景不长。新厂长来了，老厂长退休了，小王没了"靠山"。他着实被冷落了一段时间，但他一直没有忘记学习。很快，他又有了新的发展机会。

一次，新厂长带着几位中层干部去国外考察学习。在漫长的国际航班飞行途中，多数人都感觉无聊，或者漫无目的地刷刷剧，或者漫不经心地聊聊天，或者随心翻阅飞机上的报纸杂志，或者听听音乐补补觉，而小王却在聚精会神地阅读汪中求的《细节决定成败》。

这一切都被新厂长看得清清楚楚。更让新厂长欣赏的是，他中途上了三次洗手间，小王都在认真看书，看的是自己想推荐大家学习的书籍，还不时拿笔画几下。于是，新厂长对他的印象大为改观，开始将他列为重点培养对象。后来，他顺利升职为厂长。

理论依据

学习会改变大脑皮层的结构，而且大脑皮层在任何年龄都可能发生结构性的改变。以研究过爱因斯坦大脑而闻名于世的神经科学家玛丽安·戴蒙德（Marian Diamond）的研究结果证明了这一点。

长期以来，人们都认为遗传决定了人类大脑的功能水平，并且是不可改变的。1964年，戴蒙德发表的论文第一次证明了哺乳动物的大脑皮质从解剖学上来说是具有一定可塑性的。她通过研究大鼠发现，只要不断学习，大脑皮层在任何年龄都能发生结构性的改变。她发现，那些不断学习的大鼠的大脑皮层比那些不学习的大鼠的大脑皮层要厚6%。

学习的大脑表现出更强的学习能力，那些不学习的大脑表现出较弱的学习能力。后来，关于人类大脑的研究也有相同的发现。爱读书的人显得更聪明，不爱学习的人显得愚蠢，而且是自以为是的蛮横。

启智增慧

曾国藩曾说："学习可以改变一个人的骨相，也只有学习能够改变。"

胸藏文墨怀若谷，腹有诗书气自华。长期坚持学习，并乐在其中，可以从骨子里影响一个人的气质，使人保持思想活力，得到智慧启发，滋养浩然之气。

小王从司机成为厂长后，不仅职位发生了变化，而且整个人的气质都发生了脱胎换骨的变化，言谈举止丝毫看不出他原来是司机。他的口才很好，浑身上下洋溢着学习型厂长的气质。大至国家宏观经济走势，中至行业趋势动态，小至微观发展指标，他都可以做到引经据典、心中有数，如数家珍地讲上两三个小时，而且不会重复。

判断一个人是否善于学习，有一个很有用的工具——傻瓜指数。简单地说，傻瓜指数指的是一个人觉得自己多久以前是一个傻瓜，是半年、一年，还是十年？它反映了一个人成长的速度，所以越小越好。这种思维是一种典型的成长型思维，反映了一个人是否拥有开放的思想和空杯的心态，是否有心甘情愿地提升自我的强烈愿望。例如，如果一个人觉得自己十年前是傻瓜，那么这个指数就是10；如果他觉得自己一年前的自己很幼稚，那么这个指数就是1；如果他从来没觉得自己是个傻瓜，甚至认为自己很牛，那么这个指数就是他的寿命。

人一生能走多远取决于见识，而见识的增长主要来源于学习。只有不断地学习、看更多的好书、观世间万物，才能追随自己内心的向往，站在更高的地方，接触更多优秀的人，看到更远、更美的风景。选择学习就等于选择了进步，选择了胜任职场的通行证。

也许，你当下的学习并没有产生立竿见影的效果，甚至怀疑"知识就是力量"的正确性，但在你的生命中，学习终究会成为扭转人生乾坤的关键力量，也只有学习可以拥有这样的力量。

学习无法改变人生的起点，但一定能改变我们的终点。不论怎样，我都始终坚信，学习是提升职场竞争力的核心武器。爱学习的人运气肯定不会太差，努力学习最坏的结果就是大器晚成。

高人现场有神灵

/有道是百闻不如一见，高人现场有神灵。这种强大的能量传递，必须身临其境才可以实现。如果不在现场，看一年的视频公开课，读N遍的成功人物传记，也无法完成能量的传递，最后的结果倒是把眼睛给看近视了！所以，如果有邂逅高人的机会，我们岂可交臂而失之？/

案例故事

前段时间,我在与国内一家著名 IT 公司的一位师兄交流时谈到了与高人会面对自己人生的重要意义。

这位师兄技术科班出身,后来一步步成长为公司高管,近 20 年来经历了多个经营管理岗位,是一名技术和管理双重背景的复合型人才。这些年在公司腾飞发展的过程中,他随公司一起成长,更是对产业的发展规律有深入的洞察和丰富的实践。期间,他注重与各行各业的高手的交流请教,他们中有主政一方的党政官员,声名显赫的企业家,业务顶尖的技术标兵,业绩领先的营销拔尖人才,富有工匠精神的基层劳模等,这些人都给了他很多的人生和工作启迪,也收获了快速成长的丰厚红利。

但最令他难忘、振奋,并使他获得更多成长的还是他曾参与了一位中央领导的一次考察调研。当时,他有幸作为公司高管,在现场经历了这一激动人心的时刻。虽然事情已经过去四年多的时间,但当他回忆起当年的一幕幕场景时还是记忆犹新,仍能感受到满满的温暖和正能量。

这也让我想起另一个朋友在清华大学学习时的一段经历。

一个朋友在清华大学读书时担任 MBA 联合会主席。有一次,他负责学校层面的一个校庆活动。此时,一位中央领导还在担任清华大学经济管理学院名誉院长,他有幸参加了接见活动。他说,这位领导说的每句话都语重心长,每个词都意味深长,比如"你们每个人搞好一个中国企业,中国经济就有希望了"。

就是这次简短的见面,带给他很大的心灵震撼,给了他强大的精神动能,也影响了他的职业生涯规划。他后来毅然决定辞去稳定的体制内工作,开始艰难的自主创业历程。事隔近 20 年后,他果然如当时那位领导所愿,搞好了一个中国企业。

理论依据

科学早已揭示，宇宙间万物的本质是能量，宇宙中的一切都靠能量的转变而运作。爱因斯坦的质能方程式也说明，物质的本质就是能量。

对于一个人而言，他的能级起伏与心境直接相关。科学研究发现，能够显著影响和决定一个人意识能级的因素不是其文化程度、学历、阅历、权力、财富、地位等；相反，以上这些因素会明显地受人的意识能级所制约。决定一个人意识能量层级的关键因素是他的社会动机和心灵境界。

大量数据显示，一般情况下，一个人的能级终其一生也不会发生多少变化。如果不是有重大事件触发，如果不是有人引导，大多数人的意识能级在其一生中也只能上升五个点。

一个人的能级从 200 以下跃升到 200 以上，是一个巨大的能级跳跃，这甚至可以改变一个人一生的命运。研究表明，能级达到 250 是一个人过上有意义、顺意生活的开端。能级跨越 500 是另一个巨大的能级跳跃。对于超越了 500 这一级的人，他们对物质财富的欲望就没那么强烈了。这正是那些真正的修行者、心灵导师、宗师和极少数伟大的艺术家不追逐也不贪图物质利益的原因。

在一个高级的精神状态中，也就是在一个能级很高的意识状态中，一个人一生所坚持的生命价值取向、世界观、人生观和人生目标一瞬间就可以被彻底颠覆。这种跳跃可以使一个人从此脱胎换骨，重获新生。这种改变不仅能够改变一个人自己的生命，而且他的能量场也能够改变他人，甚至影响世界。

启智增慧

近朱者赤，近墨者黑，近贵者富。学习高人最有效、最直接的方式就是接近他们，努力和他们站在一起。哪怕就是翻翻成功者的传记，看看成功者的纪录片，也可能影响你的思想观念，改变人生轨迹。卡内基就曾说："如果不是看了富兰克林的自传，我根本就没有勇气走出家乡，开始我的创业历程。"

我们如果仔细观察就不难发现，高人总是活力充沛、激情澎湃，具有强大的磁场，拥有超大的脑容量，内心蕴藏着无穷的智慧，浑身散发着喜悦与爱的能量，他们的一言一行、一举一动都有强大的感染力和号召力。与他在一起时，大家都会情不自禁感到快乐。

一个朋友在教育孩子方面非常成功，他的三个孩子一个比一个有出息，全部毕业于985名校，大儿子出国读书还获得了美国总统勋章，让人艳羡不已。一次，我曾向他请教家庭教育经验，他说："我其实并没有做什么特别的事。如果非要说一条，那就是在力所能及的范围内，帮助孩子引荐他们想见的高人，用榜样的力量鼓励孩子成为最好的自己。"

有道是"听君一席话，胜读十年书"，这种遇到高人的感觉就好像吸氧了一般神奇，让人茅塞顿开、受益匪浅。

梦想还是要有的，哪怕实现不了

/ "梦想还是要有的，万一实现了呢？"你可能很熟悉这句话。我又给它加上了后半句："梦想还是要有的，哪怕实现不了。"有没有梦想，人生大不同。理想不仅说着好听，还直接关系着你的人生走向。/

案例故事

你一定知道这句话:"梦想还是要有的,万一实现了呢?"这句话还有后半句,不过是我加上的:"梦想还是要有的,哪怕实现不了。"

记得当年高考时,班主任整天与我们待在一起,还常常引用古今中外的名言警句苦口婆心地教导我们,一定要有梦想,要树立大目标,"取乎其上,得乎其中;取乎其中,得乎其下;取乎其下,则无所得矣"。

对古人的遗训和班主任的教导,我们深以为然。然而,生活不时会逃离经典遗训的曲线,跳出老师教导的范畴,事实总是比小说更魔幻,生活比故事更曲折。

高考成绩揭晓,大多数人的成绩都基本吻合了古人的预言和班主任的预判。然而,也有一小部分人的成绩比较出人意料。我们的故事聚焦于这一部分人。

有的人理想很丰满,目标很远大,但由于考试发挥失常、报考志愿不合理等因素失利。但这些人会从此甘于平庸和平淡吗?事实证明,很多这样理想很丰满、高考成绩不理想的人,并没有白白地拥有理想,而是在人生的马拉松长跑中坚持下来,逐步达成了人生目标,成了别人眼中的望尘莫及。

有的人痛定思痛,很快地接受现实,步步为营,通过曲线救国的方式,不断发起人生一次次冲锋,最终考入理想大学的博士研究生;有的人则直接低点起步,从基层岗位做起,一步一个脚印,扎实做好每一件事,认真过好每一天,逐步成为业务骨干,乃至叱咤一方的成功人士;有的人则改变赛道,实业报国,创立了自己的公司,从小到大,滚动发展,事业做得风生水起。

有一位很用心的同学曾在高中毕业时写下未来他最想完成的十件事,然后悄悄地放到箱底。其中有两三件事在当时看来,不论他怎么努力都是无法完成的,但的确是他内心的渴望;而现在翻出来逐一对照,他发现心中的目标在长期摸索中逐一达成，有些甚至超出自己的预期。"念念不忘，必有回响。"这位曾经高考失意的同学现在正春风得意，他在回顾自己曲折的人生探索之路时发自肺腑地这么说。

理想永远不是瞎说的，目标也不是白定的，哪怕是一时实现不了，它也会在人生的漫漫旅途中持续发挥作用，并决定着人生最后的走向。

有的人理想很骨感，得过且过，但由于考试超常发挥或通过其他方式读了一流的大学，一度春风得意。这些幸运儿并没有因为进入了名校，人生旅途从此就"一路绿灯，路路畅通，一步领先，步步领先"。在短暂享受到名校的荣耀之后，接踵而至的是巨大的竞争压力。毕业时，他们可能带着名校的光环，顺利地敲开了大公司、大组织的大门，过着舒适安逸的躺赢生活。然而25年过去了，他们可能依然原地踏步走，业绩平庸，过着一眼看到底的程序化生活。

理论依据

锚定效应是心理学中的一种现象，指的是当人们需要对某个事件做定量估测时，会将某些特定数值作为起始值，这些起始值像锚一样制约着估测值。当我们在心中给自己设定了一个目标时，这个目标就成了对这件事定位的基点，并决定着最后的结果。

哈佛大学曾进行过这样一项跟踪调查，调查对象是一群意气风发的哈佛大学毕业生，他们的智力、学历、环境条件都相差无几。在迈出校门之前，哈佛大学对这些青年才俊进行了一次关于人生目标的调查。结果如图6–1所示，27%的人没有目标；60%的人目标模糊；10%的人有清晰但比较短期的目标；3%的人有清晰而长远的目标。

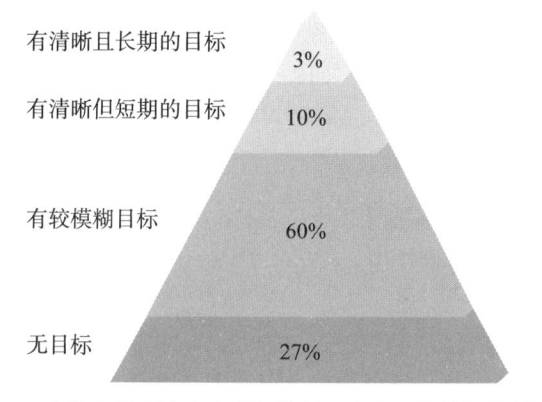

```
         有清晰且长期的目标    3%
       有清晰但短期的目标    10%

         有较模糊目标         60%

              无目标          27%
```

图 6-1 哈佛大学对毕业生进行的关于人生目标的调查的结果

25 年之后，哈佛大学再次对这些学生进行了跟踪调查。结果显示，在这 25 年的时间里，3% 的人朝着一个方向不懈努力，几乎都成了社会各界的成功人士，其中不乏行业领袖、社会精英；10% 的人不断实现人生的短期目标，成为各个领域中的专业人士；60% 的人安稳地生活与工作，但没有什么特殊的成绩；剩下 27% 的人没有人生目标，做事没有规划，"脚踩西瓜皮，滑到哪里是哪里"，他们生活得很不如意，而且常常抱怨他人、社会以及这个"不肯给他们机会"的世界。

启智增慧

以上案例故事充分表明，你的梦想有多大，目标有多高，这个世界就有多大，你的舞台就有多宽广。理想更远大、目标定得高一点的人往往得到更多。

理想不只是说着好听，与结果高度关联；目标不只是看起来很好，对实现理想也很有用处。有没有理想情怀，目标大与小，人生大不相同。

人只有心中有梦想、眼前有目标，才可能不争一时之短，但争一世之长，不争一时小利，但争长远大利，奋力奔跑，最终挣脱家庭、血缘、环境等因素的束缚，获得让人刮目相看的成绩，推动社会的进步和人类的发展。

一个心中无梦想、眼前无目标的人，往往只会对现实做出被动的回应，"饥而欲饱，寒而欲暖，劳而欲休"，得过且过，小富即安。他们哪怕最初赢在起跑线，最后也可能会输在终点站。

在控制圈内做事更开心

/ 个人创作与写公文是两种截然不同的生命体验，虽然输入的都是素材，输出的都是文字。如果说写材料是按部就班，越写越想逃离，那么个人创作则可以持续地激发灵感，越写越上瘾。这是因为个人创作是在做控制圈内的事，可以增强自主掌控权，幸福体验更好。 /

案例故事

前段时间，我与一位长期做文字工作的"老"秘书闲聊。他得知我最近利用业余时间完成了几本畅销书时，高兴地举杯向我表示祝贺，又有些不解，他问我："这些年一直做文字工作，你难道还没有干够吗？说实在的，我是有点干够了！"他其实并不老，刚过不惑之年，但繁重的文字工作让他用脑过度，早早一头白发，有些未老先衰。他说的这种感觉让曾在大型央企总部协助主要领导做文字工作的我深有同感。

做文字工作是个苦差事，"起得比鸡早，睡得比狗晚，干的比牛累，吃的比猪差"。更难的是，常常会"战斗英雄白跑路"。网上有个段子说得很形象，"一稿二稿，搞了白搞；三稿四稿，刚刚起跑；五稿六稿，还要再搞；七稿八稿，搞了再搞；九稿十稿，回到一稿"，其实这不是调侃，这是相当一部分文字秘书们的常态化生活。一个大材料下来，通常弄得人筋疲力尽、两眼昏花，掉个几斤肉是常有的事。这几乎是每一个负责大材料的人共有的体验，与智商、情商没有太大的相关性。

我也曾见过一些本科生、硕士生甚至博士生等高材生，面对大材料时抓耳挠腮、焦头烂额。他们可以轻松面对数学方程式、英语单词、唐诗宋词，但写材料却让他们感觉到有些力不从心，苦不堪言。

个人创作与公文写作是两种截然不同的生命体验，虽然"吃的是都是草，挤出的都是奶"，输入的都是素材，输出的都是文字。如果说公文写作是按部就班、越写越想逃，那么个人创作则是灵感源源不断、越写越上瘾。个人创作是我写我心，属于选修课，可以按照个人的兴趣自由发挥想象，抒发自己的想法；可以自主决定文章的体裁布局，想怎么写就怎么写，想写多长就写多长；可以有心情时就多写两笔，没心情时就搁置一旁。而公文写作属于必修课，必须按照领导的要求，在划定的范围内完成规定的动作，无论你有没有心情、有没有灵感、有没有时间。而且相对于公文写作，个人创作不仅在写作过程中有更多的掌控感，而且在结果上还有更多的掌控感以及"一分耕耘，一分收获"的获得感。

理论依据

美国管理大师史蒂芬·柯维（Stephen Covey）在其《高效能人士的七个习惯》（*The 7 Habits of Highly Effective People*）一书中提出并区分了影响圈和关注圈的概念。安德烈斯·马丁·阿苏埃罗在其《自我的重建：如何进行压力与情绪管理》一书中更进一步明确了控制圈的概念。影响圈、关注圈和控制圈的关系如图 6–2 所示。

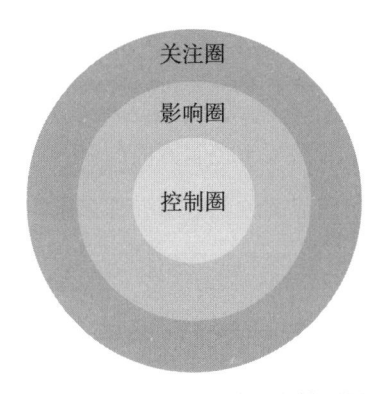

图 6-2 影响圈、关注圈和控制圈

控制圈内是那些我们的行动可以直接控制结果的事情。例如，周末的时间我们可以用来看书和学习充电，可以用来陪孩子，也可以写篇文章。我们可以根据需要和心情支配自己的时间。

影响圈内是那些我们无法控制和决定，但可以间接影响的事情。例如，公司要开发一项新业务，并向广大员工征求合理化建议。我们可以把意见和建议都写下来，反馈给公司，但公司是否采纳，我们就无法决定了。我们只能间接影响，没法直接控制。

关注圈内是那些我们无法产生任何影响的事情。例如，我们可以"家事国事天下事，事事关心"。虽然我们投入了时间和精力，但实际上我们无法对这些事情产生一丝丝影响。

研究表明，在控制圈内做事的人，他们能够掌控的事情非常多，通常最快乐；在影响圈做事的人，他们能够掌握的事情就少一些，快乐也会相应减少；在关注圈做事的人，他们面对的都是无能为力的事，通常最不快乐。

启智增慧

具体到写作，个人创作显然属于控制圈内的事，你可以控制创作的节奏和主题。而公文写作则属于影响圈或关注圈的事，你只是执笔人，对文稿的节奏和主题并没有多大的控制权，有时甚至连建议权也没有。

匈牙利诗人裴多菲有首经典名诗："生命诚可贵，爱情价更高。若为自由故，两者皆可抛。"自在是最好的状态。自主掌控工作和生活对我们的幸福体验非常重要。所以，多做有自主权的事，多做在控制圈里的事，并减少不可控的事情是一个增强幸福感的方法。这样你可以选择自己想过的生活，压力会更小，持续的内在动力会更足，会更有获得感和幸福感。

在一项针对 824 名美国青少年的研究中，美国心理学家米哈里·契克森米哈赖把休闲活动分成了主动和被动两类。玩游戏和从事自己的爱好属于主动的休闲，一切都在孩子们的掌握中，想玩就玩，在这个过程中，孩子们在 39% 的时间里会体验到福流，而只在 17% 的时间里会有消极情绪；看电视和听音乐是被动的休闲，播什么，孩子就必须听什么，在这个过程中，孩子们只在 14% 的时间里会体验到福流，却在 37% 的时间里会感到冷漠。

利用控制圈的理论，一些企业不再时时管理下属、处处控制员工，而是实行弹性工作制，给予他们更多的自由时间。

据《中外企业文化》报道，微软公司除了提供远多于法律规定的带薪年假、带薪病假以及其他休假外，员工甚至可以无限带薪休假。2023 年 1 月 16 日，微软公司宣布了新的休假政策，即自主性休假（discretionary time off，DTO），员工拥有无限休假的待遇（包含新进员工）。

对此，微软首席人力资源官凯瑟琳·霍根（Kathleen Hogan）在邮件中表示：

"我们工作的方式、时间和地点发生了巨大变化。随着我们的转型，我们的休假政策也要与时俱进。员工只要按时完成工作任务，不加重其他同事的负担，那么请假长短和时间安排就全凭个人。"

微软公司也有绩效考核，但时间要求上却要宽松得多，不会逼着员工做完，而是让他们有足够的时间可以完善产品和自我学习。

微软公司因其自由宽松的企业文化早已被不少人称为打工人的"养老院"，成为无数人向往的"幸福组织"：可以带宠物上班，拥有个性化职业培训，阳光房一样的办公空间，通过申请还可以在家办公……微软公司让人们相信，世界上是存在站着挣钱的工作的。

跳一跳才能摘到的桃子最甜

／只有在学习区内做事，让挑战的难度和自身能力相匹配，做需要费点劲才能做到的事时，才能开拓思维和视野，激发潜力，充分发挥自身的才能。"真正令人满意的幸福总是伴随着充分发挥自身的才能来改变世界"，这样的人生最充实，最有意义，最幸福。／

案例故事

回顾这些年我的写作晋级之路，这是我一直在不断进入学习区、扩大舒适区的过程，也是我不断挑战自己、持续进步和成长的过程。

上大学时，写"豆腐块"式的小文章对我而言在"学习区"，甚至是"恐慌区"内。因为高中时代的我最怵的就是语文，说起写作文就想逃离。我直到现在还记得刚上大学，在校报上发表了第一篇新闻稿时的感觉，我第一次体验到了自己的名字连同一篇小文章被印成铅字的感觉，晚上竟然激动地睡不着觉。这份校报一直被我收藏在家中的书架上。

这篇文章也改变了我人生的轨迹。辅导员发现我写作有两下子，推荐我到校报当记者。我一度成了活跃在校园里的文学青年。渐渐地，我被大家贴上了擅长写作的标签。此时的我，写起校园新闻、消息类的文章轻车熟路，进入了"舒适区"。

大学毕业后，带着校报记者的"光环"，我走上了工作岗位，不久便被领导点名到办公室负责综合文字和新闻宣传工作，我再次进入了"学习区"，期间在各类报纸杂志上发表文章500余篇。渐渐地，写一些豆腐块式的文章对我来说慢慢变成了"舒适区"。

为了让自己重新进入"学习区"，我开始尝试通过理论联系实践的方式著书立说，先后完成了《领导艺术的修炼：培养真正伟大的企业领袖》《零压工作：构建职场幸福大厦》以及本书，这也是不断将自己推向"学习区"的又一次系统输出。

始终让自己在学习区，才能使自己持续进步，进步也最明显。有些企业利用这一原理，提出了"跳一跳才能够到的桃子最甜"的绩效考核导向，即不要制定一个难以甚至无法达成或者触手可及的目标，而要制定一个"跳一跳就可以够到桃子"的目标，这时，绩效考核的激励效果最好。如果目标定得过高，跳一跳也够不着，长此以往的结果基本是负面的，甚至目标被放弃；如果目标定得过低，就容易形成一种惰性文化，使公司失去良好的成长性。

对一家集团公司来讲，每到年终岁尾、计划目标预算下达季，总是集团公司与分公司激烈博弈的时刻：集团公司想保持业绩持续增长，向股东、社会和员工交一份亮丽的报表；分公司则相反，他们千方百计诉说自己的种种困难，希望集团公司能少给自己下一点任务。

在 A 公司总经理办公会上，财务部作为预算分解的负责部门，首先讲解了今年预算分解的原则和导向，即充分考虑了分公司所在区域地方经济的发展水平、人口规模、重点项目推进情况等因素，体现鼓励先进、多劳多得等基本原则，并特别强调最大的变化是，明年下达预算目标的基础是今年的预算目标，而不是今年的实际完成情况，这样可以有效避免往年"鞭打快牛"的情况。

财务总监的顾虑不是没有道理的，往年也不止一次地出现"快牛不愿快跑"的情况：一些任务目标完成较好的分公司到四季度时就打起了自己的小算盘，故意放慢速度甚至踩刹车，为的是给第二年的业务发展预留空间。

财务总监的话刚说完，市场总监提出了另一方面的顾虑，他说："这样的确可以解决'鞭打快牛'的问题，但可能会使问题从一个极端走向另一个极端，也就是即使把慢牛打死，它也跑不起来，完成公司的大目标将变得困难重重。"

围绕着究竟是"鞭打快牛"还是"鞭打慢牛"，大家东说东有理，西说西有理，似乎都有一定的道理。最后，德高望重的总经理一锤定音："鞭打快牛多加料，确定一个跳一跳才能够得着的目标。"

他接着说："必须鞭打快牛，因为快牛是有潜力的，业务发展的主要增长点只能来自快牛，但同时要给其配备更丰厚的草料，分配更多资源，让其在年底可以得到高绩效报酬。当然，鞭打快牛也是有限度的，发展速度必须控制在一定的范围之内。总体上，要让慢牛和快牛都有一个跳一跳才能够得着的目标，形成各自挖掘潜力、一起努力奔向目标的氛围。因为跳一跳才能摘到的桃子最甜。"

理论依据

心理学研究认为,人类对于外部世界的认识可分为舒适区(comfort zone)、学习区(stretch zone)和恐慌区(stress zone)三个区域,三者的关系如图 6–3 所示。

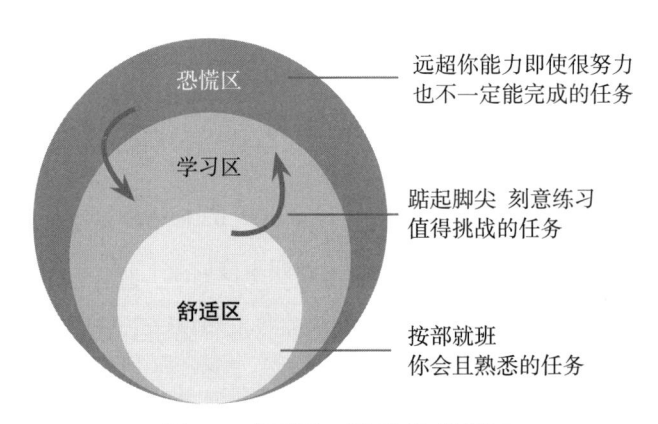

恐慌区 —— 远超你能力即使很努力也不一定能完成的任务

学习区 —— 踮起脚尖 刻意练习 值得挑战的任务

舒适区 —— 按部就班 你会且熟悉的任务

图 6–3 舒适区、学习区和恐慌区

在舒适区中,对你而言,需要学习的知识没有难度,需要处理的事务都是习以为常的,你每天处于熟悉的环境中,做熟悉的事情,和熟悉的人交往,感觉得心应手,轻车熟路。但这对你并不是好事情,正如苹果前副总裁海蒂·罗伊森(Heidi Roizen)所说,"如果你做的事情毫不费力,你就是在浪费时间"。这时,你就要给自己定个新的目标,主动打破成长的天花板,实现持续精进。

在学习区中,你会面对一定的挑战,稍感不适,但不至于难受。学习区包括一些我们很少接触甚至未曾涉足的领域,充满新颖的事物,你在这里可以充分地锻炼自我,提升自己,挑战目标,也更有成就感。

在恐慌区中,有一些超出你能力范围太多的事务或知识,你可能会头晕,不堪重负,甚至可能导致你崩溃。例如,让一个没有一点英语基础的人直接研读外文资料,让一个成绩在班里不到中游水平的孩子去学奥数都会让他们感到痛苦。

当然，这三个区域不是一成不变的，而是可以相互转化的。随着人生阅历的增长，原来的恐惧区可能转化为学习区；在学习区待久了，你也会进入舒适区。

启智增慧

想一想，现在的你对工作有什么感觉？如果你感觉很轻松、不费吹灰之力，那你可能处于舒适区；如果你感觉到压力很大、疲惫不堪，那你可能处于恐慌区。但这两种感觉都不是理想的状态。

一直停留在自己的舒适区中其实是一件很可怕的事，几十年如一日的工作，不过是简单的重复，能力得不到提高，稍有风吹草动就可能被淘汰掉。这时就要对自己狠一点，主动走出舒适区、走进学习区，即使可能会处于某种弱势地位，承受一定的压力，也可能会犯错，但只有这样，才能看到自己最真实的一面，坦然面对自己的不足，不断突破成长的天花板，使持续进步成为可能。

长期停留在恐慌区的人也会因为任务远超自己的能力边界而逐渐失去达成目标的信心，甚至会焦虑和抑郁。这时，要适度调整目标，主动走出恐慌区，进入学习区，不要过度透支自己的身体和智力，要放慢节奏，努力使可持续发展成为可能。

心理学研究结果表明，在学习区内，让挑战的难度和自身能力相匹配，完成需要费点劲才能完成的任务，才能开拓思维和视野，激发潜力，充分发挥自身的才能。具体来说，挑战的难度略高于能力的 5% ~ 10% 时，人们不会觉得压力山大或者完全没压力，而最容易沉浸其中，调动全部能量完成挑战，且更容易产生福流。

"真正令人满意的幸福总是伴随着充分发挥自身的才能来改变世界"，这样的人生最充实，最有意义，最幸福。

CHAPTER 07

成就：
带领团队到
有牛奶和蜂蜜的地方去

只有趋势才是你真正的朋友

/ 华尔街流行这样一句话,"只有趋势才是你真正的朋友"。一个人要实现快速发展,就必须心怀国之大者,把握大势,顺势而为,努力踩准时代的节拍,在组织由大到强的过程中来实现自己的梦想,这才是最大的正道,也是一门十分实用的政治经济学。/

案例故事

一次,我和一个朋友乘车路过老家的百货大楼原址时,朋友感慨万千地说:"今非昔比。很难想象,这个现在看来破旧不堪、杂草丛生的三层小楼,在 40 年前竟然是我们这里最著名的标志性建筑、最高档的综合性购物场所,我爸的职业生涯在这里迎来了高光时刻。"接着,他说起了他父亲颇具戏剧性的职场生涯——三次在关键时刻的逆势而行的选择,甚至称得上"完美"地踏反了时代的节拍。尽管他父亲一生勤恳敬业,但职业生涯还是留下了很多遗憾。

第一次选择是放弃北京的工作机会,支援家乡建设。20 世纪 80 年代初,他父亲当兵复员,为了支援家乡建设,毅然选择了回到老家——这个名不见经传的四线城市工作。要知道，他父亲年轻时很帅，也很有文采，曾多次立过战功。部队首长曾表示他是可以留在北京工作的。相比大多数转业军人，他父亲还是幸运的，竟然破例可以做选择题——可以进在建的电厂，也可以进当地的邮电局。平衡了一番，他父亲最后选择了当地的邮电局。

"如果我爸当初留在了北京，现在至少我们全家都是北京户口，还会有房子住。"虽然时间已经过去很久了，但朋友的话中仍有一些遗憾。

第二次选择是从即将腾飞的邮电局跳槽到了百货大楼。他父亲在邮电局工作了两年后，当时在政府工作的亲戚抛来了橄榄枝：可以申请调动工作到百货大楼。当时，邮电局的工作只是一份很普通的工作，待遇不高、福利不好、资源也不多，而百货大楼的工作却是炙手可热，而且油水很多。于是，经过一番操作，他父亲就从邮电局跳槽到了百货大楼，负责握有实权的商品采购工作。

工作调动后，朋友家的生活也着实得到了改善：在那个商品仍然短缺的年代里，多数家庭还只是追求吃饱穿暖，而他们家用的家电都是国外品牌的，穿的衣服都是最新款的，还经常有亲戚朋友上门托请办事。然而好景不长，改革开放之后，百货大楼迅速走向衰落。随着百货大楼的停业，他父亲自然成了一名下岗失业人员。

与此形成鲜明反差的是，20世纪90年代后，通信业进入了发展的黄金时期。他父亲在邮电局的老同事近水楼台先得月，待遇一天比一天好，福利一天比一天多。"没想到越折腾越退步，要是老老实实在邮电局待着或者当时进了电厂，日子会比现在好过得多。"他父亲懊悔不迭，他母亲也常常牢骚满腹。

第三次选择是下岗失业后，他父亲选择经营社区商超，却又遭遇了新零售浪潮。下岗失业后，他父亲在家闲了一阵子，也曾期待奇迹出现，百货大楼可以再创辉煌，但曾经的辉煌已经彻底过去。一个时代已经结束，另一个时代已经悄然来临。

他父亲是一个想干点事的人，看到一些人开商超挣了钱，就拿出全部家当开了个超市。有商业经验加持，超市的生意起初不错，一度成为当地营业面积最大、生意最红火的社区超市之一。然而好景不长，朋友家的超市遭遇了互联网购物兴起、大型品牌连锁超市终端下沉，本小利薄的超市经营雪上加霜，最后不得不关门转让。

理论依据

趋势理论是指一旦市场形成了下降（或上升）的趋势后，就将沿着下降（或上升）的方向运行。和道氏理论、波浪理论、K线理论、形态理论、均线理论、量价理论等理论一样，趋势理论是股票市场技术分析理论体系的重要组成部分。

被广泛引用的一个科学测试说的也是这个道理。一颗鸡蛋从高处落下，其威力同高度成正比：从8楼落下能砸破头皮，从18楼落下能砸伤头骨，从25楼落下足以当场毙命，这就是势的力。

启智增慧

在上述案例故事中，朋友的父亲事业日益惨淡，原因可能是多方面的，但主要是他在关键时刻连续三次做错了人生选择。

选择比努力更重要。人终究无法与趋势抗衡，当时代抛弃你的时候，连一声再见都不会说。

在话剧《茶馆》中，裕泰茶馆的掌柜王利发十分精明能干，为了避免被淘汰，他想尽办法跟上时代，努力与时俱进，经历了千灾万难仍忘不了搞改良、改公寓、添评书，可都是"动脑筋、白费力，胳臂拧不过大腿"。最终，他和他的茶馆在风雨飘摇中走到了山穷水尽的地步。

小富由勤，大富由天。这个"天"就是"势"。在大时代面前，个人的聪明与勤奋固然重要，但没有什么比大时代的趋势更重要。唐代罗隐的《筹笔驿》中有言："时来天地皆同力，运去英雄不自由。"美国华尔街也流行这样一句话："只有趋势才是你真正的朋友。"这个世界不论如何变化，永远不变的真理就是"顺势而为者，方有所成"。一个人要想实现自己的理想，就必须心怀国之大者，洞悉时代发展规律，把握大势，顺势而为，努力踩准时代的节拍。

尊重常识就是最大的常识

/ 有道是大道至简，这个世界上最有效的办法就是平平常常的大道理，最有价值的谈话就是几句老生常谈，最恒久不变的就是人性。掌握了这些底层逻辑，就可以不变应万变，用一些简单的规则来解释大多数看似繁纷复杂的现象，解决这个大千世界里大多数看似稀奇古怪的问题。/

案例故事

我们在工作和生活中经常会遇到各类复杂的问题。这些问题看似棘手，但如果我们尊重常识，大多数问题都可以被解决。

一次，全家一起吃饭时，儿子突然抛出了一个问题："天安门城楼面朝哪个方向？"

大家一下懵了，竟然不知道如何回答这个貌似简单的问题。这时，大家把眼光投向了我，因为我曾在北京生活了近四年。可我在北京是没有方向感的，只知道左右上下，不知道东西南北。

正在我思考时，我77岁的母亲说："应该朝南吧！"

儿子很高兴地说："恭喜你，奶奶，你答对了！"

我却困惑了，母亲从没有读过书，连自己的名字都不会写，就疑惑地问道："妈，您咋知道答案呢？"

老太太的逻辑很简单，她说："农村盖房时，正房都是朝南的，天安门作为国家的象征，肯定是正房屋，不可能是偏房，所以一定朝南。"

看到这里，你也许会说，这太简单了吧。下面，我就讲个有技术含量、有专业水准的案例。

20多年前，中央财经大学中国企业研究中心研究员刘姝威曾撰写了一篇600字的短文——《应立即停止对蓝田股份发放贷款》，彻底粉碎了一个股市帝国的神话，自此引发了轰动全国的"蓝田事件"。她本人也因此名声大噪，2002年被评为中央电视台"经济年度人物"和"感动中国——2002年度人物"。

在撰写这篇文章的过程中，她参考的只是一些公开的财务资料，运用的就是一些最基本的财务常识，没有用到一个高大上的数学模型。

2001年8月29日，蓝田股份发布公告称，2000年蓝田股份的农副水产品收入12.7亿元应该是现金收入。由于公司基地地处洪湖市瞿家湾镇，占公司产品70%的水产品在养殖基地现场成交，上门提货的客户中个体比重大，因此"钱货两清"成为惯例，应收款占主营业务收入比重较低。

大多数人看了这样再普通不过的财务数据信息后往往会熟视无睹，但刘姝威却开始了依据常识的逻辑思考，并发现其中蕴藏着一些反常之处。事出反常必有妖，一家公司做业务如果与常识、常理相违背，那么这背后很可能隐藏着不可告人的目的。

如果蓝田股份水产品基地每年有 12.7 亿元销售水产品收到的现金，那么各家银行可能会争先恐后地在瞿家湾设立分支机构，可能会为争取这 12.7 亿元销售水产品收到的现金；会专门为方便个体户到瞿家湾购买水产品而设计银行业务和工具，促进个体户与蓝田股份的水产品交易。总之，各家银行会采取各种措施，绝不会让这 12.7 亿元现金游离于银行系统之外。

相信在银行工作的朋友对此有更深的体会。哪里有现金交易，哪里就有银行人奔波营销的身影；哪里经常有现金交易，哪里就会吸引银行竞相在周边设点，大额的现金交易更是如此。要知道，在 2001 年，12.7 亿元可是一个大数目！还能有这么大一块蛋糕竟然无人问津的道理？

于是，刘姝威大胆假设，小心求证，给出了自己的判断：2000 年蓝田股份的农副水产品收入 12.7 亿元的数据是虚假的；蓝田股份不可能以"钱货两清"和客户上门提货的销售方式一直销售 12.7 亿元水产品。最后，她得出结论：蓝田股份的短期偿债能力很弱，已经成为一个空壳，完全依靠银行的贷款在维持生存，这是非常危险的，建议银行尽快收回对蓝田股份的贷款。

理论依据

"道生一，一生二，二生三，三生万物。""知常曰明，不知常，妄作，凶。"这个貌似复杂的世界其实是由一些极简的底层常识决定的。

常识是指在生活或某学科中最基本的知识、逻辑或规律，是社会对同一事物普遍存在的日常共识。也就是说，常识是简单的、日常的，没有所谓的故作深刻的东西。

启智增慧

我们现在已经走入了快速变化（volatility）、不可预测（unpredictability）、复杂曲折（complexity）且模糊晦涩（ambiguity）的 VUCA 时代。面对这样的世界，最重要的是拥有平常心，尊重并相信常识，重视常识的力量，做好确定的自己。

大道至简，这个世界上最有价值的就是平平常常的大道理和老生常谈，最恒久不变的就是人性。掌握了这些底层逻辑，我们就能以不变应万变，用一些简单的规则来解释大多数看似纷繁复杂的现象，解决大多数看似稀奇古怪的问题。

巴菲特在向别人分享投资技巧时常常说："我要告诉你的是一生不该做什么，首先是不要做自己不懂的事情，第二是不要做空股票，第三是永远不要用杠杆。"他说的这三条都不是高深复杂的理论技巧，而是证券投资的基本常识。事实上，他这些年也正是依靠常识成就其财富帝国的。彼得·林奇也曾经说过："五年级的数学足以满足投资所需。"这个说法当然有些夸张，但也从侧面说明尊重常识是做好投资的关键。

实践反复证明，顺应规律、坚守常识可以事半功倍，让我们的人生一帆风顺，事业持续繁荣。

战术上再大的胜利，也无法掩盖战略上的失败

／1941 年 12 月 7 日，日军偷袭珍珠港，美军在毫无戒备的情况下损失惨重，美国海军太平洋舰队数百艘大小舰船遭到毁灭性的打击，几乎全军覆没。但有人评价突袭珍珠港是"赢得了战役，却输掉了战争；赢得了战术，却输掉了战略"。／

案例故事

影片《虎！虎！虎！》(Tora！ Tora！ Tora！)以美国和日本两个国家双线叙事的方式，讲述了日军偷袭珍珠港，而美军在毫无戒备的情况下损失惨重的故事。美国海军太平洋舰队上百艘大小舰船遭到毁灭性的打击，几乎全军覆没，但身为日军总指挥的山本五十六却无论如何也高兴不起来，他似乎已经意识到，偷袭珍珠港虽然在战术上获得了成功，但日本将在战略上为此付出惨重的代价。这就是有人评价说，突袭珍珠港是"赢得了战役，却输掉了战争；赢得了战术，却输掉了战略"。

影片没有英雄美人的剧情，而是以形象逼真的人物刻画、强大震撼的视觉效果、惊心动魄的交战场景、严谨曲折的故事结构、跌宕起伏的戏剧张力讲述史实，具有极高的观赏、收藏和研究价值。

作为一部以第二次世界大战为题材的经典影片，这部电影的看点很多，但最精彩的地方还是在于立场客观，不带任何政治色彩，对美国与日本都有一定的反思与批判，既不美化日方，也不丑化美方；既没突出日方，也没弱化美方。正如影片开头出现的字幕："这部影片所述皆有历史根据。"

下面，我将站在管理学的视角，运用战略和战术理论，和大家一起探讨一下"日本在战术上成功的，但在战略上是失败的"的内在逻辑。

第一，从战术上看，日军偷袭珍珠港无疑是成功的。借用影片中的一句台词来说，就是"取得了超出预期的成功"。在这场战役中，日军以微不足道的代价（仅有4艘小型潜艇沉没，1艘小型潜艇搁浅，29架飞机被毁，74架飞机受损，64人死亡，1名水手被捕）取得了重挫美国太平洋舰队（4艘战列舰沉没，4艘战列舰受损，1艘被当成训练舰的前战列舰沉没，1艘港口拖船沉没，3艘巡洋舰受损，3艘驱逐舰受损，3艘其他船舶损坏，188架飞机被毁，159架飞机损坏，2335人死亡，1143人受伤）的巨大成功，这样的战果在世界战役史上是罕见的。

第二，从战略上看，偷袭珍珠港为日军战败埋下了伏笔。在日本举国一片欢呼声中，山本五十六却一脸愁容，因为他是个有名的"美国通"，对美国有着更深刻的了解和更长远的理性判断。他乐观地估计一旦开战，日本海军只能与美国抗争一年的时间。

偷袭珍珠港后，他知道自己惹了大祸，捅了个大马蜂窝。他说："日本的不宣而战恐怕彻底激怒了美国政府和人民，唤醒了这头沉睡的巨象，激起了他们一战到底的决心。……许多不明就里的日本人，以为美国人的民主政治是缺乏统一的政治，自以为美国人开朗的生活态度是奢华，崇尚自由的精神导致道德败坏，认为所谓的强国只不过是外强中干而已。这是一个极大的误解。如果两国发生战争，美国将是日本所遇到过的最强敌人，请大家谨记在心，我这么说的目的不是要让你们提高警觉，这是我亲眼所见的事实。"

历史的演变正如山本五十六所预判的那样，偷袭珍珠港无疑是第二次世界大战的一个重要转折点。当时，远离战争硝烟的美国人民一直反对罗斯福尽早介入第二次世界大战的打算，珍珠港事件彻底改变了这一观点。

第二天，美国总统罗斯福在第一时间发表了国会演讲，正式对日宣战："1941年12月7日——我们必须永远记住这个耻辱的日子——美利坚合众国受到了日本帝国海空军突然的蓄意攻击。我们现在预言，我们不仅要做出最大的努力来保卫我们自己，我们还将确保这种背信弃义的形式永远不会再次危及我们。我这样说，相信是表达了国会和人民的意志。"

后来，姊妹篇电影《中途岛战役》（*Midway*）展现的日美大海战，最后以日本的四艘航空母舰被击沉而告终，以及整个战争日本最终被打败，这些都印证了山本五十六的预想。

理论依据

战略（strategy）一词据说来自希腊语指挥官（strategos），意为军事将领、地方行政长官，后演变成军事术语，指将领指挥军队作战的谋略。

所谓战术，就是"达到战略目的的手段，在战场上指挥军队的计谋"。

在企业中，战略与战术是全局与局部的关系。战略是指企业为达到战略目标及达到目标的途径和手段而进行的总体谋划，战术则是指为达到战略目标所采取的具体行动。战略是战术的灵魂，是战术运用的基础；战术的运用要体现既定的战略思想，是战略的深化和细化。

战略是选择，而战术是执行。战略是我们今天选择做什么才能达到明天的目标，而战术是具体怎么做。如果战略选择不对，再好的战术都是白费。简单地说就是战略是道，战术是术。

战略是方向，而战术是方法。战略的作用是确定前进的方向，而战术则是为这个方向提供的具体可行的方法。战略着眼整体看长期，战术是着眼局部看短期。战略和战术的选择往往是相反的，战略是保持不败，战术是争取胜利、能灵活地接受失败。

启智增慧

我们经常听到这样一句话："不要用战术上的勤奋，掩盖战略上的懒惰。"在《虎！虎！虎！》这部电影中，日本在战术上显然是勤奋的，他们紧锣密鼓、准备充分、练兵备战，与美方节奏舒缓、麻痹大意、仓促应战形成了十分鲜明的反差。

偷袭珍珠港事件虽然发生在1941年底，但早在年初，山本五十六就对南下太平洋进行了深入谋划，紧锣密鼓地进行了长达一年时间的练兵备战。影片中也有多处细节描写。例如，山本五十六安排了绰号叫"甘地"的参谋黑岛龟人着手研究制定作战方案。这位战略专家得令后整天闷在自己的斗室里，废寝忘食地赶着计划进度，绞尽脑汁地思考着具体行动方案以及可能遇到的天气、补给、时间节点、资源配置等一系列因素。日军根据珍珠港的地形特点，悄悄选择了地形十分相似的鹿儿岛作为训练基地，并画出美国每艘军舰的图样，兴奋地聚集在一起辨别这些军舰的名称，一遍又一遍地进行投掷鱼雷的模拟秘密训练。日军各级军官深入细致地做战前动员，他们士气高涨、群情激昂，尤其是其中一位飞行空军队长，眼睛里闪烁着必胜的光芒。

与日本准备充分、志在必得形成鲜明反差的是美军的麻痹大意和漫不经心。一些美国军官虽然已经得知了日军可能进行突袭的消息，但出于"不可战胜"的盲目自信，低估了这位不按常理出牌的对手，将可能发生袭击的情报搁在一边，使这场战役显得富有戏剧性、偶然性、滑稽性和讽刺性。更让人惊掉下巴的是，日本轰炸机已经飞过头顶，美军的一些人还以为是演习。一名正在进行晨训的军官还特别叮嘱手下"记下那架飞机的编号，因为它们妨碍了安全"。随着一架日本飞机投下一波炸弹后，他们才大梦初醒，方知这是敌人来袭，两名警觉性高的军官气喘吁吁地跑进海军大楼，让电报员发出"珍珠港遭空袭，这不是演习"的电文，之后全面警报才正式拉响。收到警报的美国士兵惊慌失措，他们披上衣服、拿起武器仓促应战，但面对日方的低空突袭，美国的防空炮和机枪效果甚微。

尽管日本在战术上是勤奋的，甚至是完美的，但他们错误地将国运放在了突袭制胜上。这些战术技巧的胜利根本无法弥补其在战略选择上的失误，只会南辕北辙，与胜利越来越远。

不论是对一个国家还是一个组织，抑或是对我们个人而言，最大的迷失其实就是战略的迷失。如果你没有战略性思考的能力，那么你可能会赢了眼前，而输掉长远；赢了局部，而输掉全局。因此，不论工作多忙，我们都要经常进行战略性思考，时时提醒自己一定要从事务性的忙碌中跳出来，站在战略的高度重新梳理业务、工作、组织以及使命愿景，确保自己一直行走在正确的方向上。

哪有什么华丽转身，有的只是"蓄谋已久"

/ 船到码头车到站，人都有退休的那一天。要想留住持续性的影响力，保持退休后应有的体面和风光，关键是在非权力性影响力方面下功夫。要知道，职位永远是暂时的，而思想才是历久弥新的，人格才是一生一世的，专业才是持久永恒的。/

案例故事

朋友家楼下曾住着年龄相仿的局长 A 和 B，两人都曾经风光无限，都是影响城市发展的风云人物。前些年，两位局长家门前都热闹得很，来串门的人络绎不绝。船到码头车到站，退休后，两家门前发生了戏剧性的变化：局长 A 家门前很快就变得冷冷清清、门可罗雀，让人不由得感叹"人走茶就凉"；局长 B 家门前仍然不断有人迎来送往，感觉与原来变化不大。

A 局长：人走茶就凉

A 局长是一位政客，依靠着职务赋予他的权力，以及多年深耕官场的丰富经验，他审项目、批条子、打招呼，呼风唤雨，如鱼得水。来他家拜访的客人大都是看上了他手中的权力，希望他在项目审批、物资采购、升迁任免等方面给予关照倾斜。为此，他们极具表演才能，声情并茂："局长您德高望重，人格魅力超强，对我们更是恩重如山，我们就是当牛做马也无法报答您的恩情。"有些人说着说着还真的掉下了眼泪。

对于这些，A 局长在任职之初是不相信的，但这种场景看得多了，慢慢地他也就相信了，而且从打心眼里相信了。他一度自信心爆棚，感觉自己的能力的确很强，水平的确很高，人品的确很好，甚至一度认为自己无可替代，他离开后可能形成一定程度的空白。

现在，他退休了，而他所担心的形成空白并没有发生，一切都运转得很流畅，串门的人都消失了，甚至连动动嘴、说赞美话的人也不见了。他一下子从频频参加各种会议活动、应酬接待、大型仪式的"日理万机"变得无所事事。

比工作忙碌更可怕的是，在完全闲下来之后，他闷闷不乐、食之无味、寝之无眠，浑身都不自在，甚至有些抑郁了，不久后就大病了一场，身体和精神不如从前了。"几年不见，A 局长老得很明显！与在职时的意气风发简直是判若两人。"A 局长的一位前同事这样说。

B 局长：人已不在江湖，但江湖还有他的传说

B 局长是位官员，也是个很有魅力的人。他公平正直、敢于担当、勇于作为，在任期间曾做出了一些上下公认的成绩，并培养成就了一批优秀的年轻干部，他们后来在各自的岗位上都发挥着中流砥柱的作用；他待人和善，心系群众，每次调研都想基层之所想、急基层之所急，帮助一线人员解决一些具体的实际问题；他平易近人，没有任何架子，与司机、厨师等后勤人员也经常聊家常，了解情况。

不仅如此，他还是位斜杠人士。他擅长数学，熟悉管理，能看懂英文资料，又是业务的行家，这种跨界融合的能力让很多业内专家对他赞赏有加，圈内人士对他的专业精神更是佩服不已。

与其他领导干部不同的是，他在职时曾两次向上级领导提出辞去职务的要求，理由是"行政事务太多，占用精力太大，想专心致志地研究自己的专业"，但上级领导并没有同意，理由是一时找不到合适的人选。

退休后，他反而觉得轻松了，正好可以有更多的时间和精力做自己热爱的科研，而并没有被冷落的感觉和不适应的难堪。他变得更加忙碌并快乐。白天，他应邀参加各种高端论坛；晚上，他笔耕不辍，整理自己的学术成果。"年轻时有好多问题看不透、整不明白，甚至忙了半天都找不到切入点，现在老当益壮，正是出科研成果的黄金年龄。"他这样评价自己。那些他培养起来的干部都已经成为主政一方的中坚骨干，都很感谢他的知遇之恩。就连食堂的一位大师傅也深有感触地说："B局长人特别好，一点架子没有。一次找他签字报销，正巧在楼梯里遇到他，他要下楼。了解情况后，他拿出签字笔、垫着公文包就把字给签了。"

"多年不见，B局长还是那么思维敏捷、精神矍铄，甚至变得更年轻了，简直是逆生长、再青春！"B局长的一位前同事这样说。

理论依据

领导是指管理者运用权力向其下属施加影响力，通过激励、沟通、指挥等手段，带领被领导者或追随者实现组织目标的行为过程。

领导的本质就是对他人的影响力，这种影响力主要来自权力性影响力和非权力性影响力。

权力性影响力又称为强制性影响力，它主要源于法律、职位、习惯和武力等。权力性影响力对人的影响带有强迫性、不可抗拒性，是通过外推力的方式发挥其作用。权力性影响力对人的心理和行为的激励是有限的。构成权力性影响力的因素主要有法律、职位、习惯和暴力。

非权力性影响力又称为自然影响力，它不是通过领导者的职务、身份、地位等对被领导者产生影响，而是通过领导者自身的思想、品质、修养等对被领导者产生影响。非权力性影响力通常是深远而持久的，主要源于领导者个人的人格魅力，以及领导者与被领导者之间的相互感召和相互信赖。非权力性影响力主要包括思想力、专业水平、个人魅力等。

启智增慧

领导者都希望拥有自己振臂一呼、应者云集的影响力，希望自己拥有更多的追随者，因为领导的本质决定了"没有追随者的人只是在散步"。他们还希望自己有持久的影响力，希望"人已不在江湖，但江湖仍有他的传说"。但是，人都会有退休的那一天，要想保持影响力以及退休后的体面和风光，关键是要在非权力性影响力方面下功夫，比如提前预测变化、预判风险，不断提升自己的思想力、专业水平和人格魅力。因为职务、职位是暂时的，而思想是历久弥新的，专业和人格魅力是持久永恒的。

当然，提升非权力性影响力绝非一日之功，需要持续修炼，厚积薄发。德鲁克曾说："管理后半生有一个先决条件，就是你必须早在后半生之前就开始行动。"

一个放弃体制内工作、自主创业成功的朋友说，他实现财富自由后，很多人都非常羡慕，向他请教如何完成职业转型、实现华丽转身。每次遇到这个问题，他都会淡淡地回答一句话：哪有什么华丽转身，有的只是蓄谋已久。所有的奇迹其实都是早有准备。

巴顿将军打胜仗的秘诀：智信仁勇严

/ 巴顿将军有着超凡脱俗的军事才能和天赋异禀的指挥能力，他浑身上下散发着一股军事家特有的自信和霸气，即便在将星云集的第二次世界大战的舞台上也毫不逊色，被人们称为一代军神、精英中的精英。在复盘巴顿将军战功彪炳的一生时，我们如果从《孙子兵法》的视角来看，他打胜仗的秘诀可以概括为五个字：智、信、仁、勇、严。/

案例故事

《巴顿将军》(*Patton*) 是由二十世纪福克斯电影公司于1970年出品的人物传记电影，是一部值得一品再品的史诗级战争片。影片采用客观中立的态度展开叙事，既不美化他的形象，也不绕过他的缺点，以纪实性的风格完美地再现了这位传奇将军由高潮到低谷再到高潮，最后惨淡收场的多彩一生。

以下，我们将站在孙子提出的"为将五德"，即"智、信、仁、勇、严"五个维度，来谈谈巴顿将军的指挥艺术及其对提升领导力有何现实的借鉴意义。

智：足智多谋，能打胜仗

巴顿将军有着超凡脱俗的军事才能和天赋异禀的指挥能力，他浑身上下散发着一股军事家特有的自信和霸气，即便与蒙哥马利、麦克阿瑟、艾森豪威尔等名将同台竞技，他也毫不逊色，甚至是有过之而无不及。他被人们称为一代军神、精英中的精英。他是如此足智多谋，以至于敌方指挥官也对他爱恨交加。

广告好不好，关键看疗效；将军强不强，关键看战绩。纵观巴顿的戎马一生，他战无不胜，攻无不克，屡建奇功。从北非到西西里岛，从意大利到法国，他率领的军团所向披靡，节节胜利，一直都是盟军中能征善战的王牌中的王牌。

在巴顿指挥的大小战役中，阿登战役堪称他军事生涯中的传奇杰作。他自己也非常满意，称其为"我们迄今为止所进行的最辉煌的行动，而且在我看来也是这场战争中最杰出的成就，这是我最大的一战"。

1944年12月中旬，德军集结25个师在阿登地区出人意料地展开了一场大规模的反击战，史称阿登反击战。面对德军突如其来的进攻，美第一集团军猝不及防，很快就被德军突破了防线，8万多名美军在大雪中陷入重围，情况十分危急。

12月18日，艾森豪威尔召开作战会议，商讨如何应对德军这场突如其来的进攻。当艾森豪威尔问巴顿多久能对德军侧翼发动进攻时，巴顿的回答是"12月22日早晨"。

与会者都大吃一惊，因为这次行动非常复杂，这么短时间内是无论如何也做不到的。艾森豪威尔也不太相信，甚至认为巴顿是在胡闹。巴顿的好朋友布莱德雷也提醒他说话要留有余地。

巴顿是认真的。对于这个局面，他早有准备。因为他事先已经拟订好了一个作战计划，所以很快就把部队调动了起来。经过一天一夜的雪中急行军，巴顿军团如期向德军发起了进攻，一举击溃了德军包围圈，彻底粉碎了德军的冬季攻势，创造了美国军史上罕有的战绩。

阿登战役这一神来之笔大大缩短了第二次世界大战的结束进程，也挽救了无数人的生命。

信：赏罚有信，泾渭分明

关于巴顿的争论褒贬不一。有人说他爱兵如子，是个"暖男"；有人说他毫无人性，是个不折不扣的战争狂人；有人称赞他机智果敢、骁勇善战；也有人批评他头脑简单、行为鲁莽。

其实，他就是这样一个赏罚有信、泾渭分明的将军。

巴顿特别善于利用实际场景来影响下属，以言行举止来鼓舞士兵。影片中，巴顿去医院看望士兵。在一位胸部受了轻伤的战士床前，他幽默风趣地安慰道："你听了可能会觉得有趣，我最后见到的一个德国兵既没有胸腔也没有脑袋。到目前为止，你们已经打败和俘虏了8万多人。在战斗结束时，这个数字恐怕会翻两番。快养好伤吧，小伙子，你还要参加最后一战呢！"临走时，他来到一名已经失去知觉、奄奄一息的重伤士兵面前，脱下钢盔，摘下手套，单膝跪下，郑重地将一枚紫心勋章别在他的枕头上，对着他的耳边轻声嘀咕了几句，然后站起来敬了个礼，这个场面让在场的人都很感动。

与此形成鲜明对比的是，面对懦弱怕死的士兵，他非常生气，会毫不留情地严加痛斥，直接表现出对其懦弱的憎恨、无能的厌恶，铁血无情的一面一览无余。

他认为，"真正的男子汉，不会让对死亡的恐惧战胜荣誉感、责任感和雄风。战斗是不甘居于人下的男子汉最能表现自己胆量的竞争。战斗会逼出伟大，剔除渺小"。在他的感召下，他麾下的很多官兵都克服了对战争的恐惧，成了荣誉感和自豪感兼备的士兵。

仁：仁者无敌，关爱士兵

巴顿虽天生喜欢战争，但他从不肆意拿士兵的生命开玩笑。他奉行"训练场上多流汗，打仗时候少流血"的信条，坚持严管就是厚爱，所以其手下士兵的伤亡也是最小的。

巴顿冷酷的外表下有一颗火热的心，严格治军的背后藏着无所不在的关切。即使后来晋升为统率54万人的四星上将，可谓位高权重，他本人也依然会亲临前线指挥战斗，了解战场的实际情况，对普通士兵嘘寒问暖。紧急关头，他甚至成了"交通警察"，亲自指挥混乱不堪的装甲车通行。他也会像父亲一样与士兵聊天，畅想20年后的美好画面。在影片中，他对一位士兵说："20年后，你会庆幸自己参加了此次世界大战。到那时，当你在壁炉边，孙子坐在你的膝盖上问'爷爷，第二次世界大战时你在干什么'时，你不用尴尬地干咳一声，把孙子移到另一个膝盖上，吞吞吐吐地说'啊……我当时在路易斯安那铲粪'；相反，你可以直盯着他的眼睛，理直气壮地说'我当年在第三集团军和乔治·巴顿并肩作战！'"

勇：勇敢果断，所向披靡

巴顿是一位充满传奇色彩的人物。他凭借一身虎胆，作战勇猛顽强，指挥迅速果断，被部下称为"血胆老将"。影片中令人印象最深的是，他正在办公室与两名盟友研究空战，此时德国飞机突然飞来轰炸，他不顾危险，拔出手枪，跳出窗户，站在被扫射的大街上迎着敌机开火。这正应了一句中国古语，"泰山崩于前而色不衰"。这位久经沙场的老将的气魄和胆量可见一斑，他也因此获得了一个"血胆老将"的绰号。

巴顿有一句广为传诵的名言："一个职业军人只有一种恰当的死法，那就是死于最后一场战役的最后一场战斗的最后一颗子弹。"这也影响他麾下的官兵。美军坦克装甲太薄，只有他的部队敢不顾军令，拆下备用履带、焊在车身上继续作战。有军事学者指出："作为统帅人物，巴顿将军的最大特点就是以他自己的尚武精神去激励部下，用他的个性去影响部下在战场上奋勇向前。"

严：军纪严明，有令必行

巴顿治军严明，要求所有的士兵必须严格遵守纪律。不管食堂的伙夫，还是战地医院的医生，都一视同仁，因为他们的身份首先是军人。他坦率地说："我不要士兵爱戴我，我只要士兵听我的命令打胜仗！"

1943年，英美盟军在北非遭到绰号为"沙漠之狐"的隆美尔元帅率领的德军的反击，陷入困境。败退下来的美国士兵衣衫褴褛，军纪松弛，军心涣散，彻底丧失了战斗意志。为了扭转战场形势，美军重新改编了第二装甲兵团，巴顿受任于危难之际。年近花甲的他军容整齐，气宇轩昂，威风凛凛，乘着非常拉风的吉普车走马上任。上任之后，他"新官上任三把火"，其中第一把火就是整顿军纪。

影片中有这样一个场景。巴顿将军在视察食堂时问伙夫早餐时间，伙夫不假思索地回答说："6：00到8：00。"巴顿一字一句地提出明确要求："从今天起，6：00开门，6：15之后不准进门。"他接着问军容不整的伙夫："你的绑腿呢？"伙夫一脸茫然，有些不以为然地说："将军，管它呢，我是伙夫。"巴顿一脸严肃，不容反驳地说："你是军人，罚款20元。"他接着说："从此刻起，任何人没打绑腿，没戴钢盔或系领带，皮鞋不亮或者军服肮脏，都会遭到重罚。"他来到战地医院，要求医生戴上钢盔。医生感觉很无辜，辩解说如果戴钢盔就不能用听诊器。巴顿说："那就在钢盔上挖两个洞，让你能用听诊器。"

经过一番整顿，巴顿麾下的官兵们一扫悲观畏战的情绪，军容一新，成了一支纪律严明、斗志昂扬、骁勇善战的部队。不久，巴顿率领美军第二军，与德军隆美尔的军团进行了激烈的战斗，结果大胜德军，实现了初战告捷。

理论依据

"将者，智、信、仁、勇、严也。"语出《孙子兵法·始计篇》。

北宋诗人梅尧臣曾经为这五个字给出了一个十分经典的注解："智能发谋，信能赏罚，仁能附众，勇能果断，严能立威。"意思是说，对将领而言，有智力能够形成谋略，讲信用能够做到赏罚分明，仁义能够做到众人归附，勇敢能够确保遇事果断，纪律严明能确立自己的威信。智、信、仁、勇、严被后人称为"为将五德"，这是为将者必须要具备的品德。

启智增慧

孙子提出的"为将五德"距今已有2500多年，如今，它仍对提升领导力具有借鉴意义。

智、信、仁、勇、严是孙子对人格的排序，体现了孙子对领导能力的独到理解。对于这五个维度，"智"和"勇"合起来叫有勇有谋，智勇双全、文通三略、武解六韬，两者不可分割；"仁"和"严"合起来叫爱兵如子，慈不掌兵、刚柔兼济、恩威并重，两者缺一不可。

智能发谋

孙子将"智"放在首位表明了对"智"的重视。

俗话说，主将无能，累死三军。如果一位将领在"智"方面有缺陷，就可能将部队带入死亡之谷，把组织引入崩溃边缘。

这里的"智"不光指智慧、智商，更强调权变和变通之处。在随时关系生死存亡、充满激烈对抗、靠智慧取胜的战场上，一位优秀的将领应顺势而为、随机应变、抓住战机、快速制胜。战争年代如此，和平年代也不例外。在同样淘汰率很高、面临激烈竞争、需要凭本领立足的商场上，一位优秀的企业家也必须能够精准预判、快速布局、赢得主动。

信能赏罚

信能赏罚就是言必行、行必果、有令必行能够促成一种高度信任的关系。

赏罚分明在历朝历代都是团队取得成功的关键，尤其是在战争中。战场上充满了不确定性，但你的下属必须确定，将领说话算话、一言九鼎，绝对可以信任。基于一小部分人的利益而朝令夕改、出尔反尔，只会给人一种办事不牢的印象，还可能引起更多人的质疑和不满，这是为将者的大忌。

电视剧《亮剑》中有一个情节令人印象深刻。李云龙当新一团团长的时候被日军包围，已经率领手下杀出重围。但当他得知营长张大彪等几名部下被困时说："咱们团从成立那天起，就没有丢弃过自己的兄弟。"然后，他带着队伍杀了回去。将领这种对部下不计生死的承诺必将赢得众人的忠诚和信赖。

仁能附众

"仁"字是中华文化的核心主题，代表着中华民族的核心价值观。如果说"信"可以激发人底层的欲望，那么"仁"则可以迅速拉近人与人之间的情感，增强将领的亲和力。好的将领一定是富有人格魅力的，让手下的人心服口服地跟着他。

战国时期有一位著名的将军，名叫吴起。他非常会带兵，而且用兵如神，战无不胜。一次，他手下一个士兵受伤，伤口化脓。当时的医疗条件不好，需要用嘴把脓血吸出来。吴起立刻蹲下，把脓给吸了出来。

士兵的母亲听到这个消息后非但没有为此感到高兴，反而号啕大哭。别人不理解，就问道："你哭什么？吴将军是统率千军的将军，你儿子是个普通士兵，将军亲自俯下身子给你儿子吸脓血，你感激还来不及呢，干吗要哭呢？"

这位母亲说："你不知道，孩子的父亲也是吴将军的士兵，受伤后吴将军给他吸了脓血，他非常感动，最后战死沙场。现在吴将军帮我儿子吸了脓血，我儿子也可能会把命交给他。所以我哭啊！"

勇能果断

孙子把"勇"排在第四位，不是说不重视"勇"，而是相比"智""信""仁"来说，"勇"起的是推动成功的作用。在孙子的眼中，"勇"绝非武力值，也不是项羽、吕布的匹夫之勇，而是当机立断、勇于承担的决断力，以及率先垂范、说干就干的行动力。

狭路相逢勇者胜。优秀的将领在高度不确定的环境下必须杀伐决断，在关键时刻敢出手、敢拍板、敢下决心、敢承担责任，甚至敢冒风险，善于把战术性的机会变成战略性的突破，打开局面。否则，犹犹豫豫、婆婆妈妈、瞻前顾后、当断不断，必然贻误战机，反受其乱。

严能立威

军队必须有严格的纪律，令行禁止，这是取得胜利的基本保障。没有纪律的军队就是一盘散沙，根本无法形成战斗力。

作为一名将领，仅仅爱兵如子是不够的，更要慈不掌兵。一位好的将领，往往"仁""严"兼而有之：仁能感动下属，使他们即便赴汤蹈火，也在所不惜；严能令士兵不敢有丝毫懈怠。恩威并用，刚柔兼济，方能获得最佳效果。

重温经典电影《教父》，品味"王道"人生

/ "王道"理念实乃打造"王道"风范，虽然各行各业有所区别、各个时空有所不同，但"王道"理念与"幸福领导力"根基殊途同归，不谋而合。下面，我们以"王道人生"理论，从天道、地道和人道三个维度，来重温一下永不过时的老电影《教父》，谈一下教父当年为什么能行，以及对当前的我们仍然具有的借鉴意义。/

案例故事

电影《教父》(*The Godfather*) 是一部反映美国黑帮题材的经典电影，虽然距

离首次上映已过去半个多世纪，历经大浪淘沙，早已超越了黑帮文化的藩篱，跨越了时代的局限，突破了地域圈层的桎梏，成为无数人心目中影史上的最佳电影。这部影片为后人树立了一个无法超越的典范，被誉为"男人的圣经""智慧的总和""一切问题的答案"。

著名编剧、导演杨超甚至认为，《教父》是一部能看20遍的"神片"。对此，我深以为然：影片中有复杂的人物关系，数不清的细节对白，太多的前因后果，仅看一遍，有些内容常常会被忽略或很难被发掘，而这些正是这部影片的精妙所在。

对我而言，年轻时观影，我欣赏的是教父的快意恩仇，更喜欢"我会给他一个无法拒绝的条件"等类似的经典台词；现在重温，我品味更多的是教父的厚重人生，更青睐"永远不要恨你的敌人，这样会影响你的判断"等警句。

下面，我们以宏碁集团创始人施振荣和美国弗吉尼亚大学达顿商学院陈明哲教授一起提出的"王道"经营哲学（如图7–1所示）为基础，从天道、地道和人道三个维度来重温一下《教父》这部电影，谈谈教父当年为何可以称雄一方，以及对我们有何借鉴意义。

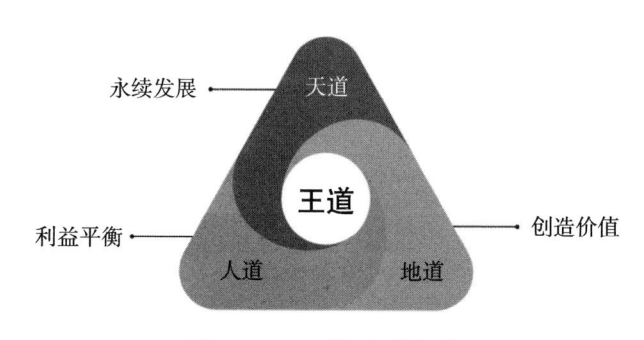

图 7–1　"王道"经营哲学

"天道"：顺应天意，关注变量，实现永续发展

"花半秒钟就看透事物本质的人，和花一辈子都看不清事物本质的人，注定是

截然不同的命运。"这句被大家口口相传的金句正是出自《教父》。

"天道"的核心虽着眼于永续发展，但更在于顺应天意。不知道你有没有发现，即便我们再有本事，也要关注变量，努力实现永续发展。这其中起决定性作用的正是我们能否快速看透事物本质。老教父眼光之毒、识人之准、看事之深让人惊叹。影片中有多处这样的细节描写，例如，老教父伤愈复出，舌战五大家族。会谈中，他敏锐地注意到塔塔基利亚家族根本无法凭一己之力和他对抗，背后一定有更大的操盘手在撺掇或指使。凭借多年行走江湖的经验，他通过几个微表情就确定了幕后最大的黑手是巴西尼家族，因为菲利普·塔塔基利亚在谈判时在关键问题上总是不敢做主，闪烁其词，而且眼神频频飘向艾米利奥·巴西尼，向他请示。还有，迈克接手家族事业后，老教父变成军师，他不遗余力地出谋划策，并做出了精准的预判，他说："巴西尼一定会先对付你，找个你信任的人请你出席会议，但你一到会议就会被杀。谁让你去，谁就是叛徒。"后来故事的发展恰恰证实了老教父的判断，泰西欧在老教父的葬礼上出面邀请迈克出席会议，被迈克不动声色地列入黑名单，成为被清洗的对象。

"天下大势，浩浩汤汤，顺之者昌，逆之者亡。"面对不可阻挡的发展趋势，老教父不但能够及时审时度势、调整方向，还能够不动声色地做出决定："先退让，自己这一代未完成的家族使命，交给下一代来完成。"这份看似洒脱的背后正是顺应天意，实现永续发展的关键。

"地道"：打造立根之本，创造价值

正如我们将"地道"对应为创造价值一样，商业世界的核心也是创造价值。"价值"不仅是一个经济学术语，还是个哲学概念，强调相互作用，而我们说立根之本在于创造价值，这个价值正是强调双方，甚至多方彼此认可的价值。

在电影《教父》中，有新旧三任教父，我们所谈及最多的是第一任老教父，

也就是电影的主角维多·柯里昂。他一生坎坷，甚至可以说多灾多难、相当凄惨，幼年失去双亲和长兄，老年丧子，但面对这些意外，他从不逃避，从不退缩，最终迎来了人生逆袭，建立了富可敌国的商业版图，其核心正是在于他能够洞悉如何运用"地道"打造立根之本和创造价值。

老教父原本是一个意大利人，父亲和哥哥在他年少时死在了当地黑手党之手，而他在母亲和亲友的舍身相救下才最终活了下来。他漂洋过海，孤身一人来到纽约。起初，他在一家面包店打工，结果遇到当地的一名恶霸，让他丢了工作。为生计所迫，他与好友一起组成一个小团伙，逐渐展露出自己的领导才能。最具代表性的是他的那句经典台词："我会给他一个无法拒绝的条件。"

最能体现这句台词的意义的一幕出现在电影一开场，大明星强尼·方亭有求于老教父。他是当时红得发紫的大名人，也是老教父的教子，不惜长途跋涉专程赶来参加老教父女儿的婚礼。

按照西西里的传统，西西里人不能在女儿结婚的日子拒绝任何请求。强尼·方亭提出的请求是，由于他的喉咙上长了肿瘤，没法再唱歌，所以他想转战电影圈，但是电影老板不同意，他走投无路便来请求教父帮助。

老教父非常喜欢这个教子，甚至视同己出，在答应他请求的时候，老教父说出了那句经典台词："交给我，我会给他一个他无法拒绝的条件。"

这种无法拒绝正是建立在为对方创造价值的基础上。纵观老教父一生，正是因为他为别人创造了价值，人们也纷纷用他们的方式表达了对他的感谢，多次让这个家庭在关键时刻化险为夷，获得回报。

"人道"：利他才能利己，达成利益平衡

世界瞬息万变，不变的是人性。洞悉人性是领导力的基础。我们这里强调的"人道"实际是旨在解码"人性"，达成利益平衡。

在电影《教父》中，有很多经典镜头都在传递这一信息。最具深意的画面则是二代教父迈克，也就是老教父的小儿子，扪心自问的画面，他发出感叹："为什么他们都怕我，却敬重父亲？"

与其他黑手党杀伐决断、无所不用其极不同，老教父的每一次行动其实都是时势所逼，而且他精细地拿捏着行动的分寸，以恰到好处地解决问题。

影片最开始，老教父安排为殡仪馆老板摆平问题时，非常理性地指定让克里曼沙来处理此事，并特别交代"我们不是谋杀犯，别下手太重"。克里曼沙是他手下两大兵团的司令之一，也是他最为倚重的心腹人物，他有个突出优点，就是头脑清醒、办事可靠、很有分寸，可以恰到好处地教训一下两个年轻人，既让他们吃到与殡仪馆老板女儿一样的苦头，又不会因下手过重而致对方于死地。

与其他江湖大佬见利忘义、利欲熏心不同，老教父为人处事有明确的底线和准则，就是坚决不涉足暴利的毒品行业，不贩毒害人，这是因为他觉得赌博等娱乐项目在政府官员的眼中是可以接受的、无伤大雅的，但毒品却是道德败坏的事，会给大众、家庭乃至国家带来毁灭性的打击。

老教父这样做不仅是因为他品德高尚，更是因为他对小儿子人生前程有长远谋划，以及他对家族事业未来发展的预判。彼时，第二次世界大战结束，旧的世界秩序正在土崩瓦解，新的势力正在悄然形成。他深知，虽然现在混得风生水起、呼风唤雨，但这并不是长远之计，转型发展已不可逆转。

与当今一些成功人士"日理万机""三过家门而不入"不同，老教父永远将家庭放在第一位，竭尽所能地去维护家庭幸福。他曾说，不陪伴家人的男人不是真正的男人。这让他在事业有成的同时，拥有幸福美满、其乐融融的家庭，成为世人眼中的好男人、好丈夫、好父亲。

老教父在晚年享受着天伦之乐。他在和孙子玩耍时安然离世，临终时还曾经叹"生活多么美好"。

老教父在他的一生中用智慧和温情征服了人心,他不但赢得了政界、商界人士的敬重,而且赢得了下属和家族成员的敬重。他巧妙地平衡各方利益,做到了关系滴水不漏、事业风生水起、家庭温馨和谐。

更难能可贵的是,老教父即便掌握着四大军团与政界人脉,可以直通上层,却从不有恃无恐,也从不因利欲熏心把"生意"做绝,更不会意气用事把"路"堵死。在面对各大家族暗流汹涌,甚至大儿子被人残忍杀害时,老教父最终选择了隐忍,放弃复仇。他一生从未主动挑起战争,为人处事更是有明确的底线和准则,这也是各界人士敬重其为人的关键,我们称之为"人道"。

理论依据

2010 年起,宏碁集团创始人施振荣和美国弗吉尼亚大学达顿商学院陈明哲教授共同把宏碁集团的经营模式提炼为"王道"经营哲学,旨在为全球华人 CEO 提供经营理论支持。施振荣先生特别强调,他谈的王道不是帝王之道,而是各种大大小小的组织应如何利用社会的资源,有效地创造价值。

王道的三大核心是永续发展、创造价值和利益平衡。如果从我们的文化来看,那就是天道、地道、人道。天道,就是天行健,君子以自强不息;地道,是地势坤,君子以厚德载物;人道,是儒家的一种思想,就是人和理而已。如果谈利益平衡,就是人与人之间的相对的关系如何有一个秩序和平衡感。

启智增慧

在反复观看《教父》的过程中,我一直想引用一个理论来支撑我对这部经典电影的思考。直到前几天，我在翻阅前些年积累的讲座笔记，重温施振荣先生讲授的"王道"经营哲学时，我惊喜地发现，老教父的人生信条与施振荣先生的"王道"经营哲学竟然不谋而合，虽然老教父的故事发生在20世纪40年代，讲述的是美国黑帮的那些事。

诚如德鲁克所说，管理一个家庭、一支军队、一家医院、一家企业时，90%的内容都是相同的，只有10%的内容不同。同理，管理一个黑帮团伙与经营一家现代企业，有90%的内容都是相同的，只有10%不同。正如我们前面提到的，"天、地、人"虽自成一体，但仍需相互促动，三"道"合一，才能真正实现"王道"。在电影《教父》中，老教父每一次"天道"所洞穿本质的判断，每一次"地道"所创造的价值，每一次"人道"所舍弃的利益，都帮助他在环境变幻莫测之时成就了"王道"的延续。

施振荣先生两次出山、三次"再造"宏碁集团也是如此。经历过1992年、2000年和2013年的三次变革，他的每次"再造"都是重新出发，虽然否定和质疑的声音不断，但他始终坚持从"王道"出发推动变革转型，脱离舒适圈，寻找新模式，将企业永续经营下去。

"王道"理念实乃打造"王道"风范。虽然各行各业有所区别、各个时空有所不同，但"王道"理念与"幸福领导力"根基殊途同归，不谋而合。

CHAPTER 08

结语

领导力的最高境界：做好制度设计，实现无为而治

/ 做企业的最高境界是设立自动运行的游戏规则，建立良好的运行机制，借助当事人的利益追求和利益博弈，将其合力的方向导向预定目标，借风使船，顺水推舟，从而自动自发地实现机制目标，让企业成为永动机、无人机和印钞机。/

案例故事

《十二怒汉》(*12 Angry Men*) 是由米高梅电影公司（Metro-Goldwyn-Mayer, MGM）制作的一部黑白电影，由西德尼·吕美特（Sidney Lumet）执导，瑞吉诺·罗斯（Reginald Rose）编剧，亨利·方达（Henry Fonda）、李·科布（Lee Cobb）、马丁·鲍尔萨姆（Martin Balsam）等人主演。该片曾荣获第30届奥斯卡金像奖最佳影片、最佳导演、最佳改编剧本三项提名，以及第7届柏林国际电影节金熊奖最佳影片等奖项。影片人物刻画饱满，结构紧凑利落，悬念冲突迭起，创意精细独到，主题严肃深沉，通常被认为是导演西德尼·吕美特的巅峰之作，也是描写法律制度的不败经典，至今仍打动着无数观众。

最让人拍案惊奇的是，该片只有一个室内场景——一间陪审团的会议室，将旁边的洗衣间计算在内都没有超过40平方米，道具也只有一张长桌、十几把椅子、一个破旧的电扇、一个衣橱、一台饮水机和几个衣架。然而，就是在这单调得离奇的舞台场景中，导演却用他魔术般的艺术表现力，讲述了耐人寻味的曲折故事，呈现的是美国最核心的司法制度这一严肃话题，所有观众丝毫感觉不到沉闷，反而可以痴痴地看上一个半小时，而且意犹未尽。业内人士评论说，仅凭这一点，该片就可以创造吉尼斯世界纪录。

影片讲述了一个在贫民窟中长大的男孩被指控谋杀生父，案件的旁观者和凶器均以呈堂，人证物证俱在，可以说铁证如山，而12位陪审团成员要于案件结案前在会议室里讨论案情，而讨论结果必须要一致通过才能正式结案的故事。

一切的证据都显示男孩是有罪的，大家觉得似乎毫无讨论的必要。除了亨利·方达扮演的8号陪审员之外，其他人都对这个案子不屑一顾，他们只想早点结束。7号陪审员还买好了今晚的球赛门票，这是他心仪已久的球赛，所以他频频看表。然而，在8号陪审员"合理怀疑"的坚持下，12位陪审员先后进行了8次投票。每一次投票都会产生一个新的疑点，大家唇枪舌剑，争得面红耳赤。

第1次投票，11∶1认为男孩有罪。在12位陪审员中，只有8号陪审员觉得案情可疑，并提出异议。他孤军奋战，希望大家在充分讨论事件的基础上慎重地做出被告是否有罪的决定。

第2次投票，10∶2认为男孩有罪。在第一次表决结束后，8号陪审员为说服大家提出了若干疑点，如作为物证的凶器不存在唯一性、辩护律师的无效辩护等。他成功地说服了9号陪审员，加入了他的阵营。

第3次投票，9∶3认为男孩有罪。8号陪审员陈述了两位目击证人的证词可能相互矛盾的事实。9号陪审员从自己的生活经历出发，分析并推断了老年证人的心理状态，增加了让人信服的信息。5号陪审员支持"无罪"，表决结果为9∶3。

第4次投票，8∶4认为男孩有罪。11号陪审员提出疑问：如果男孩真的杀了他父亲，为何还在案发后几小时再次回家束手就擒？难道他不怕被逮到吗？在没有得到令人信服的解答后，他倒戈向无罪一方，表决结果变为8∶4。

第5次投票，6∶6认为男孩有罪。5号陪审员对细节的关注引导众人开始模拟案件现场，最终结果表明整个作案过程需要41秒，与证人证词的15秒差距很大。这让人感到疑点重重，也使2号陪审员和6号陪审员倒戈向无罪，少数派将比分扳平。

第6次投票，3∶9认为男孩有罪。这是一年中天气最炎热的一天，突如其来的一场大雨冲刷了大家内心的烦躁与不安，一直罢工的电风扇也开始正常工作起来，预示着事件发展将出现转机。新的疑点不断被发现。2号陪审员对被告持刀的姿势和角度提出质疑，并且得到善用刀具的5号陪审员的言语支持。在新一轮投票中，1号、7号、12号陪审员均支持"无罪"，表决结果呈3∶9。

第7次投票，1∶11认为男孩有罪。此时，坚持被告有罪的只剩下3号、4号和10号陪审员。10号陪审员对底层社会充满了偏见和刻板印象，继续气急败坏地发表自己陈词滥调，惹得大家纷纷离席，但在看到大家反感的态度后，他也败下阵来。9号陪审员从女证人鼻梁上的压痕推断出她需要戴眼镜，而当时事发紧急、在没戴眼镜的情况下，她可能不会看得那么清楚。理性的4号陪审员也被说服了。因此，表决结果为1∶11，仅剩3号陪审员孤军奋战。

第8次投票，0∶12认为男孩有罪。3号陪审员之所以这么顽固，是因为该案件使他回想起自己那曾经动手打他并离家出走的"逆子"，所以他对被告男孩莫名地存在一股怒气，情感极大地左右了他的表决结果。但当他愤怒地撕碎自己和"逆子"的合影、泪水夺眶而出时，他的内心已经和解了，最终他选择了无罪。

至此，12位陪审员全体通过被告人无罪的裁决。

从形式上看，这部电影自始至终一直围绕着男孩是否有罪而展开剧情叙事，但透过现象看本质，该片探讨的实质是美国法律体系中的陪审团制度[①]，争论的焦点其实是男孩可能无罪。

特别耐人寻味的是，这12位陪审员全部是业余选手，他们各有自己的职业与生活，大家学历不同、职业不同、经历不同，对法律知识一知半解，对事物的理解更是大相径庭。有些人是随大流、没有主见，有些人是消极对待、没有责任心，甚至有些人由于私人情感存在很严重的个人偏见。然而，就是这些素不相识的乌合之众临时聚集在一起，却在激烈争锋的过程中渐入佳境，他们理性分析，合理怀疑，并最终很好地行使了宪法赋予公民的权利，忠实地履行了作为公民代表陪审的义务。

理论依据

《道德经》中有言："太上，下知有之；其次，亲誉之；其次，畏之；其下，侮之。信不足焉，有不信焉。犹呵，其贵言也。功成事遂，百姓皆谓我自然。"

老子把领导者分成四个境界，分别是"太上，下知有之；其次，亲誉之；其次，畏之；其下，侮之。"最高境界是"太上，下知有之"，意思是最高明的领导者，下属并不知道他的存在。也就是说，领导者不会有事没事就发号施令，他事先已经做好了制度设计，让下属按照日常体系来做事就可以了。这种状态非常符合"天道"的状态，这样的领导者非常轻松，下属的工作也非常有秩序。

[①] 陪审团制度是现代审判制度的一种形式，指在审判中由陪审团而非法官决定犯人是否有罪。用电影《十二怒汉》开始法官的话说就是："如果你们能提出合理的怀疑，无法确定被告是否有罪，基于这个合理的判断，你们必须做出无罪的判决"。

第二等境界是"其次，亲誉之"。有这种境界的领导者，他的下属亲近他、爱他、尊敬他、称赞他。他不像"天道"那样隐身了，而且直接给被管理者恩惠，带头做示范、讲发展理念、共享愿景和目标。这样的领导者会因为自身的人格魅力而得到下级的追随。但其中有一个最大的隐患是，当领导者自身出问题（比如生病等）时，团队可能无法正常运转。

第三等境界是"其次，畏之"。下属特别害怕、畏惧有这种境界的管理者，可能会在他的压力下工作。这样的管理者特别威严，主要依靠强制性的惩治措施来推进任务和达成目标。这个系统也可以暂时保持平稳运行，但一定不是一个高效的系统，也一定不是一个幸福的系统。

第四等境界是"其下，侮之"。下属可能对有这种境界的管理者忍无可忍，起而反之，通过主动辞职、当面顶撞等方式直接"侮辱"这样的管理者。

启智增慧

美国经济学家、诺贝尔经济学奖获得者米尔顿·弗里德曼（Milton Friedmann）曾说："根本不用担心有的国家会窃取美国的技术。一项技术被他国窃取后，美国这样的国家很快就会产生更先进的技术。只有当他国窃取美国的《独立宣言》时，它才会成为一个真正的对手！"

古人说，经国序民，正其制度。制度是定国安邦之根本，能起到根本性、全局性、长远性的作用。一个伟大的团队应把精力花在制度设计上，把时间放在流程制定上，以制度管人，以流程管理事，告诉大家要做什么、如何去做、怎么样才能做好，以及哪些事能做、哪些事不能做，而不是倚仗管理者每天去盯人盯事或者领袖人物充满魅力的人格特质，这样才能形成真正的核心竞争力，才能真正做到基业长青、永葆青春。

做企业的最高境界是设立自动运行的游戏规则，建立良好的运行机制，借助当事人的利益追求和利益博弈，将其合力的方向导向预定目标，借风使船，顺水推舟，从而告别"0"状态，拥抱"1"状态，引导员工自动自发地实现目标，让企业成为永动机、无人机和印钞机。

在"0"状态下，领导者整天忙碌，操碎了心，将公司内外大小事务全部纳于自己掌控之下，吃个饭怕下面人揩油水，接待客户怕下属考虑不周全……结果按下葫芦浮起瓢，稍一离开公司，就需要接听此起彼伏的请示电话，不停遥控指挥。这样依赖领导者本人，而不是管理制度的"劳苦"却不能带来"功高"，只能证明领导者无能。德鲁克的话振聋发聩："一个不能将制度看作企业灵魂的企业，根本称不上是企业。"

但是，"1"状态一旦建立起来，就建立了一种良好的机制，这是一劳永逸的事，甚至领导者也能"游手好闲"。在这种状态下，即使领导者不在，团队成员也能自发自觉地按制度、常规和约定去做事，"领导在与不在一个样，检查与不检查一个样，考核与不考核一个样"，不用扬鞭自奋蹄。

曾经有记者问任正非："您怎么一天到晚'游手好闲'？"任正非回答："我是管长江堤坝的，长江不发洪水就没有我的事，长江发洪水但不太大也没有我的事啊。我们都不愿意有大洪水，但即使发了大洪水，我们也早就有预防大洪水的方案，也没有我的事。"

如今，面对纷繁复杂的内外部环境，当领导者成为一件越来越难的事情。但是，不管环境如何变化，我们始终认为，基于制度，领导者的卓有成效是可以实现的；基于机制，幸福领导力也是可以实现的。

后　记

《幸福领导力：藏在故事中的管理智慧》写到这里就要结束了，这是我"幸福·职场·领导"系列图书的第三本。相比于《零压工作：构建职场幸福大厦》和《领导艺术的修炼：培养真正伟大的企业领袖》，这本书的主题更加聚焦，特色更加鲜明，故事更加突出原创性。希望您能喜欢，并从中获得更多感悟，汲取更多知识，掌握更多工具。也希望您今天比昨天更幸福一些，明天比今天更幸福一些，早日抵达幸福领导力的彼岸。

回顾这本书的创作历程，我最想说的两个字就是感谢！

感谢时代给我提供的广阔舞台。在这个千载难逢的美好时代，任何才能都不会被埋没，任何付出都不会白费，任何资料都不难检索。有了一次次的因缘际会，我的内在潜力才能持续得到释放，辛勤付出才能逐渐被认可。

感谢中国邮政对我多年的培养。中国邮政是一家业务范围涵盖邮政、速递、银行、保险、证券等领域的大型企业集团，2023年在《财富》世界500强企业中排名第86位，在世界邮政企业中排名第1位。在这样一家大型央企工作是幸运的，我通过内部交流可以拥有市分公司、省分公司和集团总部等不同层面10多个岗位的工作经历，可以站在不同视角观邮政、学本领、看社会、悟人生。尤其是在集团总部工作的那段经历，让我得以有更多的机会近距离接触各路精英，获得八方信息资讯。

感谢家人一直以来的无私支持。感谢在同一屋檐下共度时光的父母兄弟，是他们牺牲了自己，全力支持我接受高等教育，让我有幸成为全村第一个大学生。感谢他们的默默付出，是他们的无私支持替我撑起一片天，让我可以在业余时间沉下心来创作。

感谢师长和朋友给予我的大力帮助。感谢彭凯平教授、赵曙明教授倾情作序，感谢徐井宏、刘世英、潘庆中等12位专家和企业家鼎力推荐，他们高屋建瓴地点拨让我茅塞顿开、豁然开朗。感谢山东大学领导科学研究中心主任赵建华教授、湖北大学商学院的王圆圆副教授、喜马拉雅主播陆海洋参与本书的策划，帮助润色，并提供了很多好的建议。

真心地谢谢你们！是你们，在我疲倦时给予我帮助支持，在我迷茫时为我指点迷津，在我想放弃时给予我真诚期待，在我思路枯竭时给予我灵感素材，让我越来越喜欢写作。

回报感谢最好的方式是行动，我将用更好的作品来感谢曾经帮助过我的人，用更好的内容来回馈广大读者。有人问日本著名动画师宫崎骏："您最好的作品是哪一部？"他毫不迟疑地回答道："最好的永远是下一部。"大家的陪伴和滋养也让我坚信，我们的下一部作品一定会更好！

更多动态消息、视频和音频资料请关注"加油屯"微信公众号。